Inhalt

W0411088

Zu diesem Buch

Die VERITAS-LERNHILFE „Aufsatzschreiben — leichtgemacht" zeigt einen **sicheren Weg zur Verbesserung der Schulleistungen** in diesem Lernbereich des Deutschunterrichts.
Das Buch ist vor allem **für Schüler der 3. und 4. Klassen** der Hauptschulen und der allgemeinbildenden höheren Schulen sowie des **Polytechnischen Lehrganges** (7., 8. und 9. Schulstufe) gedacht.

Es dient

— zum Nachholen von Versäumtem,
— zum Wiederholen von Vergessenem,
— zum Festigen von Gelerntem,
— zum leichteren Erlernen des Aufsatzschreibens bzw. Herstellens von Texten.

Lehrern kann die VERITAS-LERNHILFE als **Stoff- und Beispielsammlung** im Unterricht, insbesondere im Förderunterricht der Hauptschule, dienen.
Eltern können das Buch als Grundlage für den häuslichen **Nachhilfeunterricht** verwenden.
Alle Übungen (es sind über 100) sind motivierend, denn sie erwachsen lebensnahen Schreibsituationen.
In vielen Fällen können die **Lösungen der Übungsaufgaben** im Anhang nachgelesen werden, sodaß[1] die Schüler mit dem Buch auch selbständig lernen und üben können.
Der vorliegende zweite Band des zweibändigen Werkes beschränkt sich auf Übungen für die 7., 8. und 9. Schulstufe, der erste ist für Schüler der 5. und 6. Schulstufe gedacht. Beide Bände bauen aufeinander auf.
Alle Übungen entsprechen den neuesten Lehrplänen und didaktischen Intentionen. Sie wurden in der Praxis erprobt und führen mit Sicherheit zum Erfolg.

Viel Freude am Lernen wünscht der Herausgeber.

[1] In Deutschland immer: so daß

Auch du kannst Aufsätze schreiben

Das Verfassen von Texten kann jeder erlernen, wenn er den guten Willen dazu hat und fleißig übt. Worauf es dabei ankommt, wird dir in diesem Buch gezeigt.
Du kannst die Übungen der Reihe nach durcharbeiten oder nur das üben, was du noch nicht gut kannst. Zumeist wird von Situationen und Beispielen ausgegangen. Dann erfährst du durch eingerahmte Texte, was besonders wichtig ist, was du also bei dieser Textsorte besonders beachten mußt. Im Anschluß daran findest du Übungsaufgaben, deren Lösungen in vielen Fällen im Anhang des Buches nachgelesen werden können.

Vor jedem Aufsatz sollst du dich fragen:

— Aus welchem Anlaß, in welcher Situation wird der Text verfaßt?
— Für wen, also für welche Leser, ist der Text bestimmt?
— Welchem Zweck soll der Text dienen? Soll er den Leser beispielsweise unterhalten, oder soll er ihn informieren, belehren, etwas bewirken, den Leser überzeugen? Oder soll der Text vielleicht dir selber dienen (z. B. als Merkhilfe)?
— Was will ich schreiben? Was will ich dem Leser mitteilen?
— Wie, also in welcher sprachlichen Form, soll ich den Text abfassen? Welche Textsorte ist angemessen, damit die gewünschte Wirkung beim Leser erzielt wird?

Wenn du keinen Leser für deine Niederschrift zu haben glaubst, stelle dir einen Leser (einen Freund, eine Freundin) vor!

Gehe beim Schreiben folgendermaßen vor:

— Notiere dir vorerst in Stichworten alles, was dir zum Thema einfällt!
— Dann bringe diese Gedanken in eine sinnvolle Ordnung!
— Anschließend entwirf auf einem Blatt Papier eine zusammenhängende Niederschrift! Laß dabei aber große Zeilenabstände, damit du in diesem Entwurf Korrekturen und Änderungen anbringen kannst!
— Lies diesen Entwurf mehrmals durch und überprüfe, ob du die für die Textsorte geltenden Merkmale berücksichtigt hast! Wenn notwendig, überarbeite den Text!
— Erst danach fertige eine Reinschrift für den Leser an! Bemühe dich dabei um eine deutliche, gut lesbare Handschrift!

Laß dich beim Verfassen der Texte nicht davon abhalten, ein Wort zu verwenden, von dem du nicht weißt, wie man es richtig schreibt! Schlage erst nachträglich in einem Rechtschreibwörterbuch nach!
Rechtschreibfehler und Verstöße gegen die Zeichensetzung kannst du mit meinem Buch „Nachhilfe Deutsch“, Band 1 (Verlag Leitner, Wien), ausmerzen. Dieses Buch enthält Rechtschreibübungen mit Lösungsangaben sowie Diktate und Einsetzübungen. Verstöße gegen die Sprachrichtigkeit (Grammatik) hilft dir der Band 2 desselben Werkes beseitigen.
Wenn du die Ratschläge, die dir gegeben werden, befolgst, wirst du staunen, wie bald du ein guter Aufsatzschreiber sein wirst.

Mit Texten den Leser unterhalten

Wie in Texten der Zusammenhang hergestellt wird

1 → *L*

Die Schüler der 3 a sollten für einen Erzählwettbewerb Erlebnisse aufschreiben, die sie während der Ferien hatten. Die Texte sollten die Leser (Zuhörer) unterhalten. Als Robert seine Arbeit zurückbekam, war er sehr enttäuscht, denn die Lehrerin hatte darunter vermerkt: „Umarbeiten! Nicht folgerichtig erzählt!"

Beurteilt, was die Lehrerin damit gemeint hat!

Ein Spiel mit bösem Ende

Seit langem machte es uns Freude, die breiten Geländer in unserem Treppenhaus hinunterzurutschen. Das Geländer vom ersten Stock zum Erdgeschoß war besonders beliebt, da es einen weiten Auslauf hatte. Wenn wir dort hinuntersausten, wurden wir wie bei einer Sprungschanze ein Stückchen hinausgetragen und landeten gerade noch vor der Haustür.
Vor kurzem hatte Hans den Einfall, ein „Wettspringen" zu veranstalten.
Das spornte uns an, es ebenfalls zu versuchen. Fritz, Arnim und ich rutschten in voller Fahrt das Geländer hinab. Die Fliesen des Fußbodens waren unsere Markierungen.
„Wer kommt so weit wie ich?" fragte er uns herausfordernd.
Dann rutschte Hans.
Fritz flog dreizehn Fliesen weit, ich vierzehn, und Arnim kam noch ein paar Zentimeter weiter.
Wie ein Blitz schoß er das Geländer hinab, sauste durch die Luft, prallte gegen die Glaswand der Haustür und blieb liegen.
„Ich laufe zu Dr. Gruber, er soll sofort kommen!" rief Arnim und rannte zum Nachbarhaus, wo der Arzt seine Praxis hatte.
Er lag bewußtlos auf dem Boden und blutete im Gesicht.

Die Eltern von Hans waren beide berufstätig. Wir konnten sie nicht benachrichtigen.
Fritz und ich blieben bei Hans. Wir wußten aber nicht, wie wir helfen sollten.
Er reinigte das Gesicht des Verletzten und legte ihn sorgfältig seitlich zu Boden.
Da kam auch schon der Arzt.
Drei Wochen mußte er im Krankenhaus liegen, bis seine Gehirnerschütterung geheilt war.
„Wir müssen die Rettung rufen“, sagte Dr. Gruber nach einer Weile zu mir.
Schon nach fünf Minuten wurde Hans mit dem Rettungswagen weggefahren.
Ich eilte zum Telefon und rief die Nummer 144 an.

Bringe die Sätze in die richtige zeitliche und logische Reihenfolge, sodaß der Leser genau weiß, was sich früher und was sich später ereignet hat!

- In jedem Text muß der Inhalt **folgerichtig dargestellt** werden. Die Sätze müssen also in der richtigen zeitlichen und logischen Abfolge angeordnet werden, sonst ist der Zusammenhang nicht gegeben.
- Ferner ist es wichtig, daß sich der **Inhalt** des Textes immer **auf das Thema bezieht** und nicht abgeschweift wird. Erzähle daher nur ein einziges Erlebnis!

2 → *L*

Auch Waltraud wurde von der Lehrerin aufgefordert, ihren Aufsatz umzuarbeiten und zusammengesetzte Sätze (Hauptsatzreihen und Satzgefüge) zu verwenden, damit der Zusammenhang zwischen den Sätzen erkennbar wird.

Mein erster Tauchversuch

In den letzten Sommerferien waren wir an der Adria. Ich habe tauchen gelernt. / Der Tauchlehrgang war sehr schwer. Er hat mir viel Freude gemacht. / Der Lehrgang war zu Ende. Wir haben eine Tauchexpedition unternommen. / Wir fuhren zu einer kleinen Insel. Dort gab es am meisten zu sehen. / Im Altertum war hier ein Schiff gesunken. Auf dem Meeresgrund lagen noch Überreste. / Viele Taucher hatten hier schon gesucht. Man fand gelegentlich noch Scherben von Gefäßen. / Vielleicht würden wir auch etwas finden. / Wir würden sorgfältig suchen. / Der Tauchlehrer gab uns noch einige Ermahnungen. Es sollte uns nichts passieren. / Die einen legten die Taucherausrüstung an. Die anderen wollten zuerst ein bißchen schwimmen. / Ich machte die Taucherbrille von innen naß. Ich konnte deutlich sehen. / Ich kühlte mich ab. Ich sprang ins Wasser. / Das Wasser war sehr klar. Ich konnte alles genau erkennen. / Auf dem Meeresgrund muß man sich vorsichtig bewegen. Man wirbelt Sand auf. / Das Wasser wird trüb. Man kann nichts mehr erkennen. / Ich war schon ziemlich lange unten. Ich wollte noch ein bißchen weitersuchen. / Ich sah etwas auf dem Meeresboden glitzern . . .

Arbeite den Aufsatz Waltrauds um und fasse nach Möglichkeit je zwei Sätze zu Satzgefügen oder Hauptsatzreihen zusammen! Vermeide gleiche Satzanfänge (Ich . . .)! Erzähle die Geschichte auch zu Ende!

Auch durch **Bindewörter (Konjunktionen)**, verweisende **Umstandswörter (Adverbien)** und bezügliche und hinweisende **Fürwörter (Pronomen)** wird der Zusammenhang zwischen den Sätzen eines Textes hergestellt. Ein reiner „Hauptsatzstil“ ist holprig und unschön.

3

Mit welchen weiteren sprachlichen Mitteln der Zusammenhang in einem Text hergestellt werden kann, möge dir das folgende Beispiel zeigen:

Kurts neue Hose

(1) Kurt braucht eine neue Hose.	An das Thema, das in der Überschrift genannt wird, wird durch Wiederholung der „Leitwörter“ („Themawörter“) „Kurt“ und „Hose“ angeknüpft.
(2) Er geht in viele Geschäfte, um sich eine Hose zu kaufen.	Anknüpfung an den vorherigen Satz durch Wiederholung („er“ als Ersatzform für „Kurt“).
(3) Endlich findet er, was er gesucht hat: eine Prachthose.	Anknüpfung durch Wiederholung der Leitwörter („er“ und „Hose“).
(4) Diese ist natürlich nicht billig.	Anknüpfung an den vorherigen Satz durch ein Fürwort („diese“), das auf das Wort „Hose“ zurückverweist („diese“ = „Verweiswort“).
(5) Sie kostet 650 Schilling,	Anknüpfung durch das Wort „sie“ als Ersatzwort für „Hose“.
(6) doch Kurt kauft sie trotzdem.	Anknüpfung an den ersten Hauptsatz durch das entgegenstellende Bindewort „doch“ und durch Wiederholung der Leitwörter „Kurt“ und „sie“ (Ersatzwort für „Hose“).
(7) Der Verkäufer packt die Ware in eine schöne Schachtel,	Anknüpfung durch Wiederholung des Wortes „Hose“, wobei dieses Wort durch das Wort „Ware“ umschrieben wird.
(8) während Kurt die Hose bezahlt und dann mit dem Paket das Geschäft verläßt.	Anknüpfung durch das zeitliche Bindewort „während“ und durch Wiederholung der Wörter „Kurt“ und „Paket“ (Umschreibung für „Paket mit der Hose“).
(9) Er eilt nach Hause und nimmt die U-Bahn.	Anknüpfung durch „er“ (als Ersatz für „Kurt“).
(10) Als er nach drei Stationen aussteigt, vergißt er die neue Hose.	Anknüpfung durch das Bindewort „als“ und durch Wiederholung von „er“ und „Hose“.

In jedem Satz eines Textes werden Teile des Inhalts des vorherigen Satzes im darauffolgenden Satz **wiederholt**. Daneben bringt aber jeder Satz auch eine neue Information. An diese wird ihrerseits im nächstfolgenden Satz durch **Wiederholung** angeknüpft.
Diese **Wiederholung** kann erfolgen

- durch die wörtliche Wiedergabe von Teilen des vorherigen Satzes,
- durch eine Ersatzform („er“ statt „Kurt“),
- durch sinnverwandte Ausdrücke („Beinkleid“ statt „Hose“),
- durch eine Umschreibung („Ware“ statt „Hose“).

Wenn aus stilistischen Gründen die Wiederholung entfällt, muß der Leser den Zusammenhang zumindest aus dem Inhalt des Satzes schließen können. (Im letzten Satz müßte es eigentlich heißen: „. . . vergißt er die neue Hose **in der U-Bahn**.“)

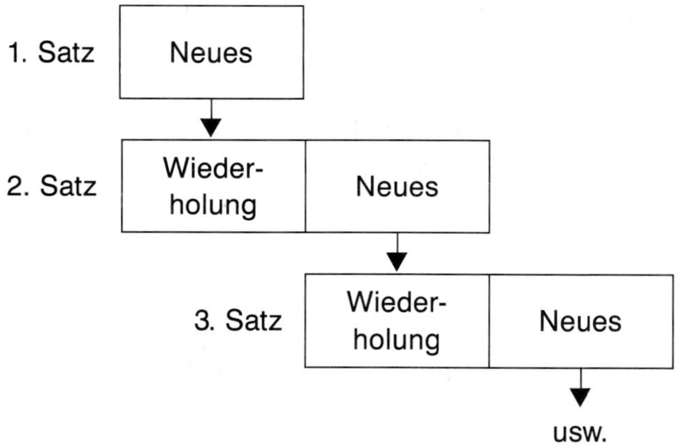

4 → *L*

Untersuche, mit welchen sprachlichen Mitteln der Zusammenhang in dem folgenden Text hergestellt wird:

Ein furchtbarer Autounfall

(1) Am Beginn der Ferien machten meine Eltern und ich eine Urlaubsreise nach Kärnten. (2) Während dieser Fahrt überholte uns bei Knittelfeld ein Wagen mit einem italienischen Kennzeichen, obwohl starker Gegenverkehr war. (3) Er schnitt uns den Weg ab, sodaß mein Vater bremsen mußte. (4) Bald darauf war das Auto des Italieners unseren Blicken entschwunden. (5) Nach

einer Rechtskurve fanden wir dann das Fahrzeug des leichtsinnigen Fahrers im Straßengraben. (6) Er war zu rasch gefahren und beim Überholen in der engen Kurve auf die linke Fahrbahn geraten. (7) Dabei war er mit einem entgegenkommenden Lastkraftwagen zusammengestoßen.

*5

*Was fällt dir zu den folgenden **Themen** ein?*
Verfasse eine Erlebniserzählung, die du deinen Mitschülern dann vorlesen solltest! Achte dabei besonders auf den Zusammenhang im Text!

Ein schlechter Spaß
Ein vergnügter Nachmittag
Ein Erlebnis mit einem Tier
Ein Zirkusbesuch
Das hätte ich nicht erwartet

Wie eine Erzählung aufgebaut werden sollte

6 → *L*

Wenn eine Erzählung gelingen soll, das heißt, den Leser fesseln soll, muß sie überlegt aufgebaut werden.
An der folgenden Erzählung einer Dichterin kannst du das beobachten:

Tschiko

Als die ersten Herbststürme kamen, als das goldrote Laub von den Bäumen wirbelte und die letzten Zugvögel nach Süden flogen, holte Arne seinen Papierdrachen vom Schrank. Er flickte und klebte alle schadhaften Stellen.
Dann ging er in die Wiesen am See und ließ den feuerroten Kerl fliegen. Der Drachen war genauso groß wie Arne selbst. Es war nicht leicht, mit ihm gegen den übermütigen Wind anzurennen. Arne mußte dabei den Drachen in der ausgestreckten Hand halten und genau im richtigen Augenblick freigeben. Jedes Jahr mußte Arne das immer aufs neue ein paar Tage lang üben. Aber wenn das Tomatengesicht dann hundert Meter hoch in der Luft schaukelte und seinen Schweif aus Papierschleifen flattern ließ, stand Arne stolz wie ein Storch tief unten auf der Seewiese und lachte.
Einmal, als der rote Drachen gerade weit oben vor dem blaßblauen Oktoberhimmel tanzte, bemerkte Arne einen Kranichzug, der über den See auf ihn zukam. Arne wußte, daß die großen grauen Vögel um diese Zeit in den warmen Süden wanderten. Nachts weckten ihn oft ihre sehnsüchtigen Schreie, die sie im Flug ausstießen. Manchmal landete ein Schwarm für kurze Frist in den feuchten Wiesen, um auszuruhen. Arne beobachtete die heranfliegenden Vögel. Sie hatten sich zu einem spitzen Keil geordnet, sodaß sie wie ein riesengroßes V vor dem Himmel standen. Über der Wiese fingen sie an zu flattern und ließen sich in den Wind fallen. Es sah wahrhaftig so aus, als wollten sie bei Arne landen.
Plötzlich hörte Arne einen gellenden Schrei, und es knackte und prasselte in der Luft. Mit Entsetzen sah er, daß einer der Kraniche mitten in seinen roten Drachen hineingeflogen war und auf der anderen Seite mit dem Kopf herausguckte. Seine Reisegefährten ergriffen erschrocken die Flucht und ließen den Unglücksvogel zurück. Er schlug wild mit den Flügeln, und seine langen, dünnen Beine verfingen sich in den Schnüren des Drachens.
Plötzlich sauste der Kranich mit dem Drachen hinab in die Binsenwildnis am Seeufer. Vorsichtig ging Arne auf ihn zu. Beim Näherkommen begann er laut zu lachen. Aus dem roten Drachenpapier ragte der aufgeplusterte Schlangenhals des Kranichs. Wütend hieb der Vogel mit seinem Schnabel auf den Drachen ein, riß große Papierfetzen heraus, warf sie in die Luft, fing sie wieder auf und beutelte sie sich um die weißgefiederten Wangen. Als er Arne bemerkte, stieß er zornige Schreie aus. Sie hörten sich an wie „Tschiii!" und „Kooo!" Arne fand, daß das eine lustige Sprache wäre. Darum nannte er den großen grauen Vogel von diesem Augenblick an „Tschiko". Diese Anrede überraschte den Kranich so sehr, daß er sich ruhig von Arne untersuchen ließ. Bei seinem Kampf mit dem Drachen hatte er sich ein Bein und einen Flügel verletzt, und so war an die Weiterreise nach Afrika nicht mehr zu denken.
Arne hatte große Mühe, den schweren Vogel heim in die Scheune zu tragen, wo er ihm ein Nest baute. Tschiko, der Kranich, schien sich in dem Nest sehr wohl zu fühlen, denn er blieb gehorsam darin sitzen. Arne fütterte ihn mit Erbsen, Korn und Äpfeln und gab sich große Mühe, seinen Gast gesund zu pflegen. Nach acht Tagen schon konnte Tschiko wieder laufen, nur sein Flügel hing noch immer schlaff herab. Als er zum ersten Mal in den Hof stolzierte, nahmen die Hühner gackernd vor dem großen Stelzfuß Reißaus.
Bis zum Sommer heilte Tschikos verletzter Flügel endgültig. Er stellte sich jetzt oft mitten in den Hof und bewegte seine beiden Flügel wie ein Kapellmeister

seine Arme. Dann stand das Hühnervolk gackernd wie ein Gesangsverein um ihn herum und staunte über Tschikos große Schwingen. Das Fliegen allerdings schien er gänzlich verlernt zu haben.
Dann kam der Herbst. Wieder jagte der Wind die Wolken über den blaßblauen Himmel, wieder wirbelte das goldrote Laub von den Bäumen, und nachts schrien sehnsüchtig Wildgänse und Kraniche, die nach Süden zogen.
In einer dieser Oktobernächte wurde Arne plötzlich von einem wehmütig gellenden Schrei aus dem Schlaf gerissen. Er sprang aus dem Bett, stürzte ans Fenster und riß es auf. Graue Wolkenfetzen stoben am runden, bleichen Mond vorbei. Über dem Hof sah Arne einen dunklen, kreisenden Schatten.
„Tschiko", rief er entsetzt, „bleib hier, Tschiko!"
Der Kranich antwortete mit einem verzweifelt wilden Schrei. Er flog ganz dicht ans Fenster und eine Weile davor traurig hin und her. Immer wieder schrie er, als müßte er seinem kleinen Freund etwas Wichtiges beibringen. Arnes Augen füllten sich mit Tränen. Er sah den grauen, langgespannten Vogelleib mit weit herausgestreckten Beinen. Er sah den schlanken, in den Wind gestreckten Hals und die bettelnden kleinen Augen. Er sah Tschikos ganze flehende Sehnsucht zu fliegen, zu reisen, mit dem Wind um die Wette zu jagen. Tschiko schrie nach Sonne und Wärme und Licht. Tschiko wollte in den Süden. Arne verstand ihn so gut, weil er Tschiko liebhatte. Langsam hob er die Hand.
Dann winkte Arne entschlossen mit der Hand in den Himmel und rief: „Flieg, Tschiko! Flieg! Grüße Afrika von mir! Und bitte, komm im Frühling wieder her, Tschiko!"
Mit einem Freudenschrei stieß der Kranich empor in den Wind, warf sich in die Wolken, und es sah aus, als wollte er in seinem Glück gleich auf den Mond fliegen. Arne lachte und weinte und winkte seinem lustigen grauen Freund mit beiden Händen nach, bis nichts mehr von Tschiko zu sehen war. Dann erst legte er sich wieder in sein Bett und schlief bald darauf getröstet ein, weil er seinem Freund Tschiko eine so große Freude gemacht hatte.

Eva Rechlin-Bartoschek

Die Dichterin geht in ihrer Erzählung schrittweise vor.
Versuche die einzelnen Erzählschritte herauszufinden und in Stichworten ihren Inhalt aufzuschreiben!

Gute Erzählungen sind überlegt aufgebaut:

- In einer kurzen **Einleitung** werden Angaben über die Situation gemacht, in der sich das Hauptereignis abspielt. Es kann dem Leser etwas über den Zeitpunkt des Geschehens, den Ort oder die handelnden Personen mitgeteilt werden. Auch Andeutungen auf spätere Ereignisse können gemacht werden.
- Darauf folgt der **Hauptteil**, in dem der Verlauf des Ereignisses ausführlich dargestellt wird. Ausgehend von einer **offenen Situation**, durch die der Leser neugierig gemacht wird, wie es weitergeht, wird die Handlung **schrittweise** einem Höhepunkt zugeführt.
- Durch **Hinauszögern der Information** über den Ausgang des Ereignisses mit Hilfe der Darstellung von Einzelheiten zum Geschehen kannst du im Leser die Spannung erhöhen („Zeitdehnung").
- Gegen Ende des Hauptteiles liegt jene Stelle, an der der Leser erwartet zu erfahren, ob eine Handlung oder Tätigkeit gelingt oder scheitert, an der er wissen will, ob jemand gewinnt oder verliert, ob die Person heil davonkommt oder untergeht. Sie bildet den **Höhepunkt** der Erzählung und bringt die **Lösung**, vielleicht sogar einen unerwarteten Ausgang.
- Der kurze **Schluß** kann dann einen Rückblick, eine Zusammenfassung, einen Vorsatz enthalten.

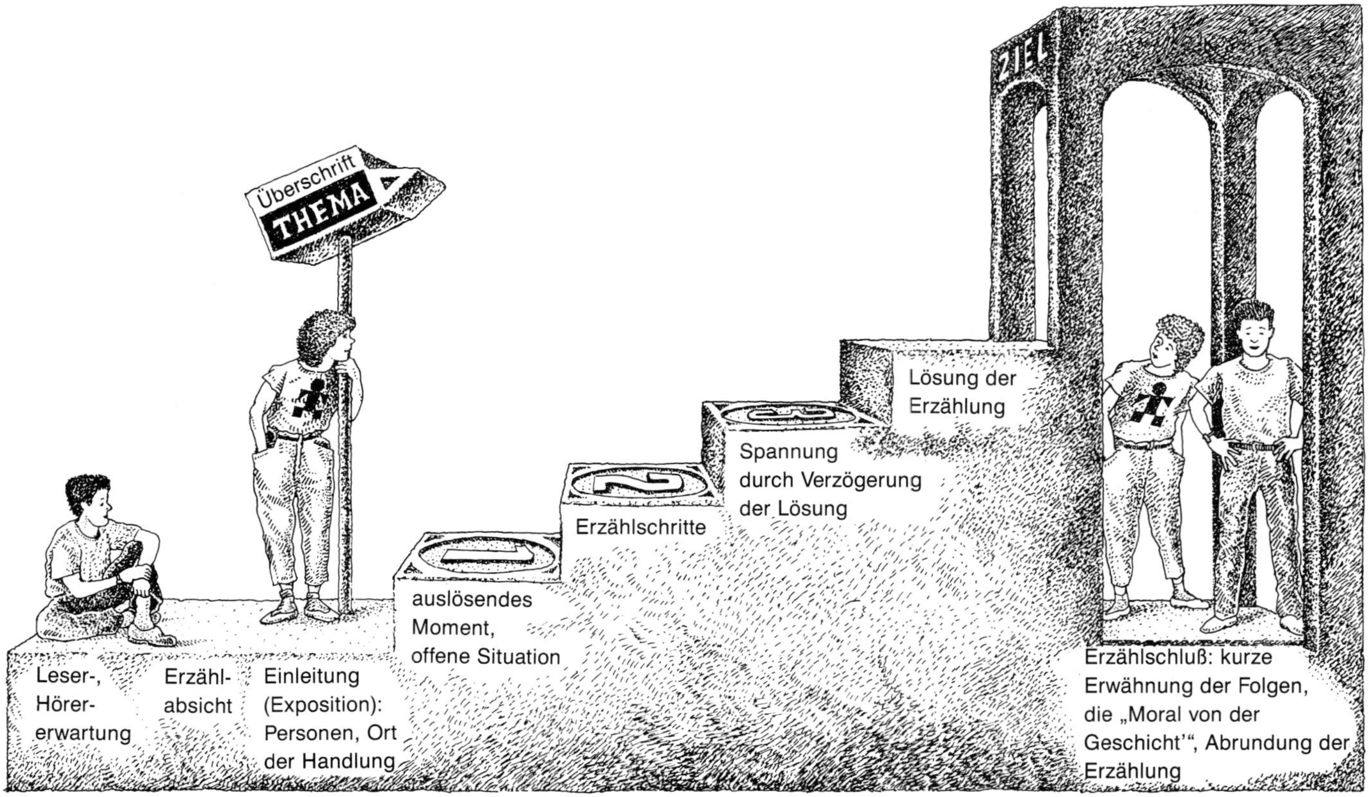

7

Nachfolgend ein Beispiel einer Schülerin:

Ein schreckliches Erlebnis

Einleitung

Ein Urlaub am Meer. Es war ein heißer Tag, und ich ging allein zum Strand, um zu schwimmen, denn meine Eltern waren noch mit dem Aufstellen des Zeltes beschäftigt.

Beginn des Hauptteils

Das Meer war etwas bewegt, trotzdem stieg ich mit der Luftmatratze ins Wasser. Die Wellen trieben mich bald weit hinaus. Die Sonne brannte auf mich herunter, und das Wasser war warm, einladend zum Schwimmen. Ein wohliges Gefühl durchzog mich. Ich war schon so weit draußen, daß die Zelte am Strand klein zu sein schienen.

offene Situation

Da kam plötzlich etwas Wind auf, und mir wurde kalt. Darum wollte ich zurückrudern. Doch die Wellen waren inzwischen so stark geworden, daß ich nicht von der Stelle kam, obwohl ich mit aller Kraft ruderte. Schließlich bekam ich Angst.
„Mutti! Mutti!“ schrie ich verzweifelt.

Spannung durch Informationsverzögerung

Doch niemand hörte mich. Auch kein Boot trieb auf dem Meer, kein Mensch war weit und breit zu sehen. Ich versuchte zu winken, aber niemand bemerkte mich, das Ufer war zu weit weg.

Steigerung der Spannung durch Schilderung weiterer Einzelheiten

Bald stieg ich von der Matratze und versuchte zu schwimmen. Aber auch auf diese Weise kam ich schlecht vorwärts, denn zu schwimmen und zugleich die Matratze zu ziehen, war anstrengend. Ein kleines Stück gelang es zwar, doch bald bekam ich Herzklopfen. Die Luft ging mir aus, die Wellen peitschten mir ins Gesicht, und ich schluckte Salzwasser. Es war zum Verzweifeln. Mit Müh und Not zog ich mich wieder auf die Matratze hinauf und blieb dort eine Weile erschöpft liegen. Mir war eiskalt, und die Zähne schlugen mir aufeinander.
Zu meinem Glück beruhigte sich nach einiger Zeit die See, und die Wellen wurden kleiner. Ich konnte wieder ein Stück rudern.

Höhepunkt der Handlung

Aber langsam wurde ich erschöpft. Ich kniete mich auf die Matratze, nahm die Bademütze vom Kopf und winkte, winkte . . .

Da tauchte neben meiner Matratze ein Kopf aus dem Wasser. Es war ein Jugoslawe. Er hatte meine Not erkannt und war mir zu Hilfe gekommen. Mit kräftigen Schwimmstößen schob er meine Matratze und mich dem Ufer zu.

Lösung (unerwartete Wendung)

Meine Eltern hatten mich schon vermißt und waren sehr besorgt um mich gewesen. Mein Retter wurde mit Dankesworten überhäuft. Wäre er nicht gewesen, würde ich heute vielleicht nicht mehr leben.

Schluß

Beatrix (13)

Untersuche auch andere Erlebniserzählungen hinsichtlich ihres Aufbaues!

8 → L

Manchen Schülern fällt es schwer, einen **Anfang** zu finden. Da fällt einem lange nichts ein, doch wenn man einmal begonnen hat, kommen die Gedanken von selbst. Aus den folgenden Anfängen von Erlebniserzählungen, die Schüler verfaßt haben, kannst du ersehen, welche **Möglichkeiten** es gibt.

(1) Nach dem Abendessen fragte die Mutter Gerlinde: . . .

(2) Ich habe eine Freundin, sie heißt Gabriele . . .

(3) „Christl, sei so lieb und koche heute an meiner Stelle! Ich muß leider weg." So empfing mich eines Tages meine Tante, als ich von der Schule nach Hause kam.

(4) Wenn ich jetzt des Morgens an das Fenster trete, sehe ich meist eine graue, undurchdringliche Nebelwand . . .

(5) Wir haben einen Wellensittich namens Maxi. Im Sommer badet er am Samstag, im Winter höchstens einmal im Monat . . .

(6) Die Bahn hatte die letzte Krümmung des Weges überwunden, und der Hallstätter See breitete sich vor unseren Augen aus . . .

(7) Nicht daß ich stolz darauf bin, in einem alten, grauen Haus zu wohnen, dessen Verputz von den Mauern fällt und in dem die Hausbesorgerin den Klatsch des halben Viertels verbreitet, aber eines hat unser Haus anderen in der Gasse voraus: Es beherbergt einen Flickschuster.

(8) „Viel Glück in der Schule!" rief mir meine Mutter nach, als ich mich auf den Weg zur Schule machte. Ich konnte nicht ahnen, was ich Minuten später erleben sollte . . .

- Welche **Anfänge** machen Angaben über die Zeit des Geschehens, welche über den Ort des Geschehens?
- In welchen Anfängen wird unmittelbar mit dem Hauptereignis begonnen?
- Welche beginnen mit einer allgemeinen Betrachtung?
- Welche beginnen mit einer direkten Rede?
- Welche kündigen das Ereignis an und machen so den Leser auf das Folgende neugierig?

9

*Untersuche auch die **Schlüsse von Erlebniserzählungen**, die Schüler geschrieben haben!*

(1) . . . Meine Schwester und ihre Freundin standen zitternd auf der Bettkante und schrien: „Eine Maus! Eine Maus!“ Ich hielt mir den Bauch vor Lachen und fing das Mäuslein ein. Tagelang mußte sich meine Schwester noch wegen ihrer Ängstlichkeit hänseln lassen.

(2) . . . In Feldbach fanden wir dann eine Werkstatt. Dort ließen wir den Schaden am Auto reparieren. Nach dieser Panne fuhren wir ohne weiteren Zwischenfall zu unserem Urlaubsziel in Jugoslawien.

(3) Am anderen Morgen wurden die Sturmschäden im Lager behoben. Die abgebrochenen Äste türmten die Buben zu einem Haufen für das Lagerfeuer, die großen Lacken wurden zum Seeufer abgeleitet, und beim Flicken des Zeltes halfen alle mit. Schon am Vormittag stand es wieder heil und fest verankert auf seinem Platz.

(4) . . . Was weiter geschah, konnte ich nicht mehr sehen.

(5) . . . Wir freuten uns über die lustige Unterbrechung der Rechenstunde und auch darüber, daß die Schwalbe wieder ihre Freiheit hatte.

(6) . . . Eine Woche später war ich dann wieder gesund, und ich konnte wieder zur Schule gehen.

(7) . . . „Diesmal will ich von einer Bestrafung absehen, aber mach so etwas nicht wieder!“ Hinterher gab ich damit an, daß ich unseren Lehrer hineingelegt hatte.

(8) . . . Ich fiel auf einen beladenen Heuwagen. Dann waren auch schon meine Freunde da. „Ist dir was passiert?“ fragten sie mich besorgt. „Nein, ich glaube nicht“, antwortete ich ziemlich verdattert. „Aber eines sage ich euch: Auf ein Dach klettere ich nie wieder!“

(9) . . . Nun blieb ich stehen und sah dem Zug nach, solange ich ihn sehen konnte.

Auch für den **Schluß einer Erlebniserzählung** gibt es verschiedene Möglichkeiten:

- Du kannst das Geschehen zusammenfassen (Beispiel 3).
- Du kannst mit einem Hinweis auf das weitere Geschehen enden (Beispiele 2, 4, 6).
- Du kannst einen Vorsatz zum Ausdruck bringen (Beispiel 8).
- Du kannst mit einer Rückerinnerung schließen (Beispiel 1, 5, 8).
- Du kannst auch ohne einen besonderen Schluß enden, denn besser kein Schlußsatz als ein gesuchter (Beispiel 10).

*10

Hier findest du einige **Themen für Erlebniserzählungen** zur Auswahl.
Arbeite das eine oder andere Thema aus und beachte besonders den Aufbau der Erzählung!

Als ich das erstemal . . .
Ich erinnere mich noch genau
So eine Überraschung!
Glück gehabt!
Das ging noch gut aus
Als ich einmal den kürzeren zog
Wie ich einmal beim Wettspiel Sieger wurde

Verschlafen
Probieren geht über Studieren
Eine mutige Tat
Man muß sich zu helfen wissen
Das werde ich nie vergessen
Lügen haben kurze Beine
Krank im Bett

Wie man lebendig und spannend erzählt

11 → *L*

Die Schüler und Schülerinnen der 4 b sammeln die spannendsten Geschichten in einer Mappe. Sie sollen einmal in einem Geschichtenbuch für Kinder veröffentlicht werden.
Hilde (13) hat folgende **Erlebniserzählung** für das Geschichtenbuch beigesteuert:

War das eine Überraschung!

An meinem 12. Geburtstag lag ich am Nachmittag im Garten im Gras und dachte darüber nach, was ich von meiner Mutter als Geschenk bekommen würde, wenn sie am Abend aus dem Geschäft nach Hause kam. Die Minuten vergingen an diesem Sommertag wie eine Ewigkeit. Endlich verkündeten die nahen Kirchenglocken, daß es sechs Uhr abend war.
„Jetzt muß jeden Augenblick meine Mutter kommen", dachte ich, und ich sprang daher auf.
Da ertönte auch schon die Klingel an der Eingangstür. Ich ergriff rasch den Schlüssel und lief zum Gartentor, um zu öffnen.
Meine Mutter lachte mir entgegen und fragte: „Bist du heute auch brav gewesen? Sonst wird es nichts mit den Geschenken."
Ich bejahte und half meiner Mutter aus den Arbeitskleidern. Wie üblich wollte ich diese gleich ins Schlafzimmer tragen, doch ich fand die Tür versperrt.
„Laß nur!" meinte meine Mutter. „Die Kleider werde ich später selbst ins Schlafzimmer tragen. Hole mir jetzt bitte Kartoffeln aus dem Keller!"
Ich kam ihrem Wunsch sogleich nach, dann kleidete ich mich für die Geburtstagsfeier um, denn ich war im Garten im Badeanzug gelegen.
„Wenn ich bloß wüßte, was Mutti im Schlafzimmer verbirgt!" ging es mir durch den Kopf.

Als ich angekleidet war, betrat ich die Küche. Da hörte ich meine Mutti zu jemandem in ihrem Zimmer sprechen. Wer konnte der Gesprächspartner sein? Sie war doch allein gekommen!? Meine Schwester kommt ja immer erst sehr spät nach Hause.

Dann wurde ich endlich ins Wohnzimmer gerufen. Ich wagte vorerst gar nicht einzutreten. Langsam schritt ich zum Tisch. Was es da alles gab! Mir stieg vor Freude das Blut in den Kopf. Eine Torte mit zwölf Kerzen! Und dazu noch viele Päckchen auf dem Tisch und auf dem Fußboden!
Aber was war das? Plötzlich raschelte es unter den Päckchen, und was guckte da aus einem Körbchen hervor? — Ein brauner Hundekopf! Ich hatte mir schon lange einen Hund gewünscht, aber den Gedanken daran schon aufgegeben.
Da rief meine Mutter: „Lady, komm!"

Und schon sprang ein lieber junger Setter aus seinem Versteck.
Ich bedankte mich überschwenglich bei meiner Mutter und sagte unter Freudentränen: „Das ist das schönste Geschenk, das ich je bekommen habe! Jetzt habe ich einen Freund, jetzt bin ich nicht mehr so allein! Diesen Geburtstag werde ich nie vergessen!"
Dann nahm ich Lady auf den Arm, und der Hund schmiegte sich an mich und knurrte leise vor sich hin.

Stelle die Erzählschritte und den Höhepunkt in diesem Aufsatz fest! Wodurch wirkt er lebendig? Beurteile ihn!

- Durch die Wiedergabe der **wörtlichen Rede** und durch die Verwendung **verschiedener Satzarten und Satzformen** (eingeschaltete Ruf- und Fragesätze, Wechsel zwischen einfachen Sätzen, Satzgefügen und Hauptsatzreihen) wirkt ein Text lebendig.
- Durch **bildhafte Vergleiche, treffende Zeitwörter (Verben) und Eigenschaftswörter (Adjektive)** kannst du das Geschehen auch **anschaulich** darstellen.

12 → *L*

Nachstehend findest du als **Beispiel** eine Erzählung eines Dichters.
Stelle die sprachlichen Mittel fest, durch die der Text lebendig wirkt!

Die andere

„Ich glaube, das Mädchen ist dumm", sagte Eva. „Schau bloß, Mutter, wie es dasteht!"
Im Nachbargarten stand ein Mädchen in der Sonne. Es mochte etwa in Evas Alter sein. Mit der Hand hielt es eine Rute gegen den Boden. Jetzt machte es einen unsicheren Schritt.
„Nein, Eva", sagte die Mutter, „das Mädchen ist nicht dumm — das Mädchen ist blind."
„Oh!"
Eva war betroffen. Das war ja sehr traurig. Und für Eva war es ärgerlich. Sie hatte sich schon gefreut, ein Mädchen gleich in der Nachbarschaft zu haben, mit dem sie im Winter Schi fahren und im Sommer baden gehen konnte. Aber damit war nun nichts — eine blinde Freundin ist so gut wie keine Freundin.
Vögel sangen, die Sonne schien. Es war Ostersonntag. Evas Eltern hatten mit ihr einen kleinen Ausflug hinaus an den Stadtrand zu ihrem neuen Haus gemacht. Der Neubau war schon im Herbst errichtet und überdacht worden. In sechs Wochen sollte der große Umzug sein. Das gab noch viel Arbeit, aber alle drei waren sehr glücklich, bald ein eigenes Haus und einen schönen Garten zu haben.
Eva blieb im Garten. Ein leuchtend-gelber Zitronenfalter kam vom Wald her. Er flog quer durch den Garten, dann über die Hecke und drüben an dem blinden Mädchen vorbei — die Arme merkte nichts von der kleinen gelben Pracht, die dicht an ihr vorübergaukelte.
Bald darauf kamen drüben zwei Buben aus dem Haus gerannt, beide jünger als das Mädchen. Einer versuchte den anderen zu fangen. Als sie die Schwester stehen sahen, spielten sie Fangen um sie herum, und schließlich begannen sie, das hilflose Mädchen sich gegenseitig zuzustoßen.
Endlich erschien die Mutter.
„Schämt euch!" rief sie den Buben zu. „Nicht einmal heute zu Ostern könnt ihr Christine in Ruhe lassen!"
Christine schien dem Weinen nahe gewesen zu sein, aber sie klagte nicht.
„Mutter", sagte sie, „blühen jetzt die Märzenbecher schon? Ich möchte so gern einen Märzenbecher sehen!"
„Ja", sagte die Mutter. „Aber bei uns im Garten sind sie in diesem Jahr ausgeblieben."
Eva ging nachdenklich in den Neubau. Die Eltern stan-

den im Wohnzimmer. Wohnlich sah es hier freilich noch wenig aus. Noch nicht einmal der Fußboden war gelegt.
„Das Mädchen da drüben heißt Christine", berichtete Eva. „Jetzt hat Christine gerade zu ihrer Mutter gesagt, sie möchte so gerne Märzenbecher sehen. Warum sagt sie das?"
„Blinde sagen oft so", entgegnete der Vater. „Wenn sie sagen, sie haben etwas gesehen, dann meinen sie, sie haben es befühlt. Wenn man etwas mit den Fingern abgetastet hat, dann weiß man ja auch, wie das Ding aussieht. Und Blinde, die viel mehr auf das achten, was sie mit den Fingern befühlen, bekommen ein viel feineres Gefühl. Aber wir fahren ja erst in zwei Stunden in die Stadt zurück. Eva, willst du nicht mit Christine einen kleinen Gang in den Wald tun? Dort hinten, bei der Quelle am Hang, ist alles gelb von Märzenbechern."
Eva schämte sich, daß sie nicht selber draufgekommen war.

Christines Mutter war sehr erfreut, als sich Eva als neue Nachbarin vorstellte und Christine zu einem Spaziergang abholte. Eva erfuhr, daß Christine erst vor einem Jahr das Augenlicht verloren hatte. Sie hatte Krebs in den Augen gehabt, und man hatte erst das eine und bald darauf das andere Auge herausnehmen müssen. Jetzt waren Glasaugen eingesetzt.
„Zeig mir Bäume!" bat Christine, als sie durch den Wald gingen.
Zwei Stämme standen dicht beieinander. Eva legte Christines rechte Hand auf den einen und die linke Hand auf den anderen Baum.
„Eine Fichte! Eine Tanne!" sagte Christine und strahlte.
„Die kenne ich nicht einmal so auseinander", gestand Eva.
„Aber, das sind doch ganz verschiedene Bäume! Schau, die Fichte hat über und über rundliche Schuppen, und die Tanne ist fast ganz glatt!"

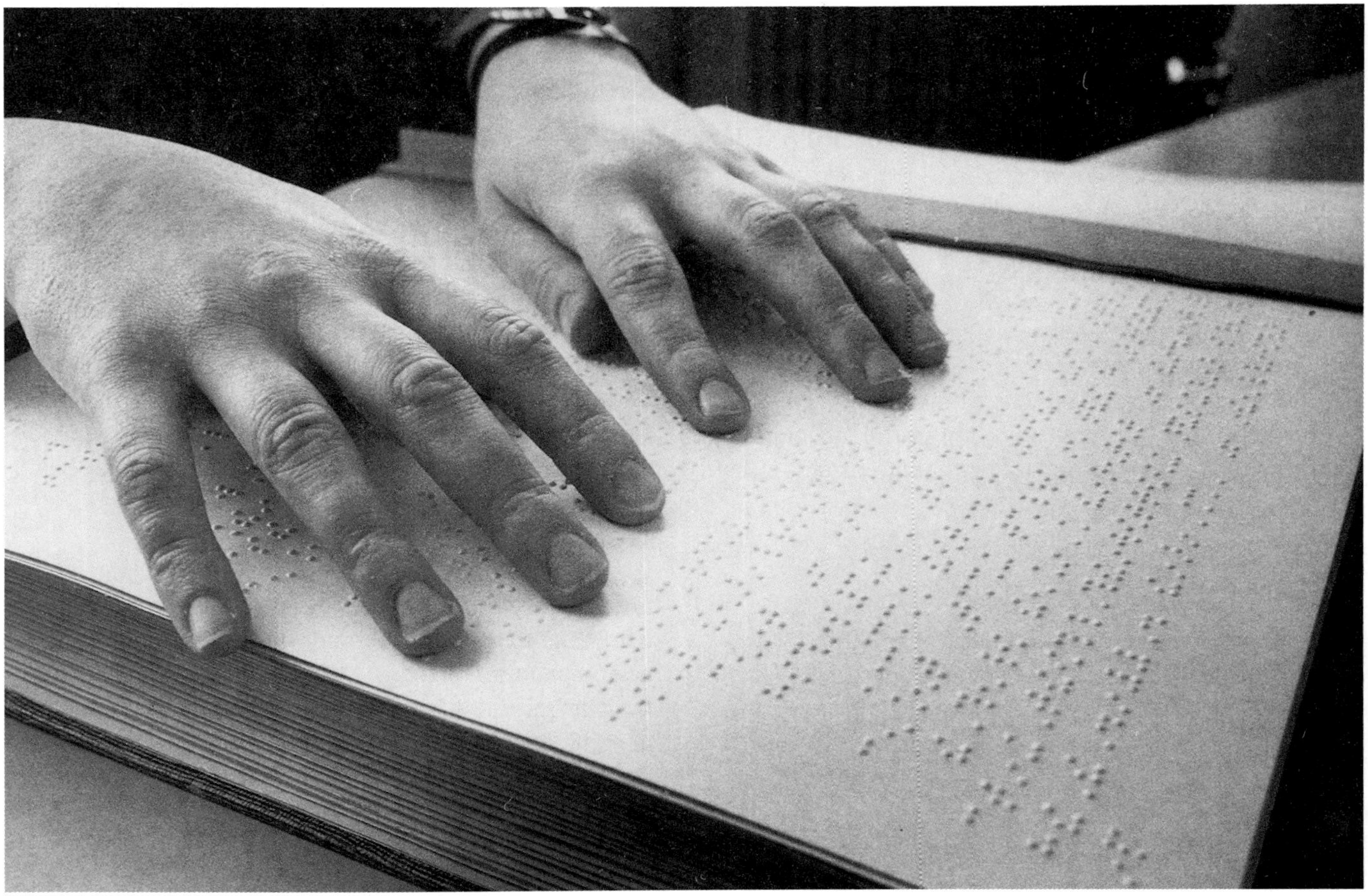

„Ja, jetzt sehe ich es auch. Und was ist das?"
„Eine Hainbuche."
„Wirklich? Ich habe mir gedacht, es ist eine gewöhnliche Buche."
„Nein, nein, so sehnig und mit einem solchen Gitterwerk von Wülsten, das kann nur eine Hainbuche sein."
„Aber was ist das für ein Baum?" fragte Eva lachend und führte Christines Hand auf den Boden.
„Oh, ein Buschwindröschen!" freute sich Christine.
Eva entdeckte etwas zwischen dem dürren Laub am Boden und gab es der andern. Es war ein Schneckenhaus, schwer und noch mit einem Kalkdeckel verschlossen. Christines Finger gingen ein ums andre Mal den schönen Windungen nach, dann legte sie das Schneckenhaus wieder auf den Boden und deckte es ein wenig mit Laub zu.
„Du hast es ja verkehrt hingelegt", meinte Eva.
„Nein, die Haustüre muß oben sein", erklärte Christine. „Durch den Deckel atmet die Schnecke."
„Wer hat dir denn das alles gesagt?"
Christine schien eine sehr große Liebe zur Natur zu haben. Da mußte es doppelt furchtbar sein, nun auf einmal nichts mehr zu sehen.
„Mein Vater. Er ist vor einem Jahr gestorben. Im vergangenen Jahr ist alles passiert. Im Februar ist mein Vater gestorben. Und im Mai war dann das mit meinen Augen."
Eva erschrak. Wie Schweres hatte dieses Mädchen mit dem stillen Gesicht zu tragen! Und wie lächerlich waren dagegen ihre eigenen Sorgen! Tagelang, wochenlang konnte sie sich manchmal über kleine, alberne Dinge ärgern.
Und plötzlich wußte Eva, zum erstenmal in ihrem Leben, daß es wichtiger und beglückender ist, eine Aufgabe zu haben, die einen ausfüllt, als alle möglichen Vergnügungen und Abenteuer. Jetzt hatte sie jemand, für den sie dasein konnte.
„Christine", sagte Eva, „wenn wir in unser neues Haus gezogen sind, dann gehe ich alle Tage mit dir spazieren. Und dann mußt du mir vieles zeigen."
„Ja!" sagte Christine glücklich.
Jetzt war auch für sie Ostern geworden.

Josef Guggenmos

13 → *L*

Erzählungen und Berichte, die spannend sind, werden gern gelesen.
Aber wie wird ein spannender Text verfaßt?

Du hast sicherlich auch schon Situationen erlebt, in denen du gesagt hast: „Da bin ich aber gespannt. Erzähle weiter!"
Auch in Filmen gibt es diese Spannung.
So hat Peter kürzlich im Fernsehen einen Bergsteigerfilm gesehen. Das Seil, an dem einer der Bergsteiger hing, begann an einem scharfen Felsvorsprung durchzuscheuern. Keiner der beiden Bergsteiger jedoch bemerkte das. Zum Gipfel waren es nur noch wenige Meter. Werden die beiden Bergsteiger den Aufstieg schaffen, oder wird einer von ihnen vorher abstürzen? Die Situation ist nach allen Seiten hin offen . . .

Solche **„offene Situationen"** werden auch in Erzähltexten dargestellt, um den Leser in Spannung zu versetzen. Sie lösen im Leser (Zuseher, Zuhörer) Gefühle der Neugierde, der Hoffnung, der Angst, der Freude aus. Der Leser ist gespannt, wie es weitergeht, er drängt nach einer Lösung der Spannung.

Stelle in der folgenden Erlebniserzählung von Eva (13) die offene Situation fest und untersuche, auf welche Weise die Spannung noch verstärkt wird:

Wer anderen eine Grube gräbt . . .

Meine Tante wohnt auf dem Land. Sie hat drei Kinder, zwei Söhne und eine Tochter. Andrea, so heißt das Mädchen, ist so alt wie ich.
Weil ich mich mit Andrea gut verstehe, darf ich während der Ferien immer einige Wochen bei ihr verbringen.
Da Andrea und ich gleich groß sind und wir einander ähnlich sehen, macht es uns Spaß, Zwillinge zu spielen. Aus diesem Grund wünschen wir uns auch immer Kleider aus dem gleichen Stoff und von gleichem Schnitt.

Heuer verbrachte ich die Osterferien bei meiner Tante. Dort ist es Brauch, daß der, welcher am Palmsonntag zuletzt aufsteht, „Palmesel“ genannt und verlacht wird. Im vergangenen Jahr war ich der Palmesel gewesen. Ich hatte mich darüber sehr geärgert und beschloß daher, am diesjährigen Palmsonntag meiner Kusine Andrea einen Streich zu spielen, damit in diesem Jahr sie der Palmesel werde.

Ich grübelte und grübelte, dann hatte ich endlich einen Einfall, wie ich das bewerkstelligen könne. Ich wollte am Abend vor dem Palmsonntag an Andreas Kleid den Halsausschnitt und die Öffnungen der Ärmel zunähen. Sie sollte, wenn sie am Morgen vor mir aufstünde, zum Anziehen so lange brauchen, daß ich schneller angezogen sein würde.
Gesagt, getan! Am Abend vor dem Palmsonntag zogen wir uns vor dem Schlafengehen aus und hängten unsere Kleider — sie waren ja kaum voneinander zu unterscheiden — über einen Sessel. Ich gähnte und legte mich ins Bett und tat so, als ob ich gleich eingeschlafen wäre. Auch meine Kusine begab sich bald danach zu Bett, und kurze Zeit später hörte ich schon ihre tiefen Atemzüge, die mir verrieten, daß sie bereits schlafe.
Nun stand ich ganz leise auf, holte den vorsorglich unter dem Polster versteckten Zwirn, die Nadel und eine Taschenlampe hervor und nahm bei deren Schein ein Kleid vom Sessel. Sorgfältig nähte ich die Ärmel und den Halsausschnitt zu.
Dabei dachte ich: „Wie lustig wird es doch werden, wenn Andrea in ihr Kleid schlüpft und länger braucht als ich, sodaß sie ‚Palmesel‘ wird!“
Als ich fertig war, legte ich das Kleid wieder behutsam über die Lehne des Sessels und ging beruhigt schlafen. Am nächsten Morgen hörte ich meine Kusine schon zeitig rumoren.
Ich dachte vergnügt: „Sie soll sich nur beeilen. Wenn sie merkt, was los ist, muß sie doch erst lange die Naht auftrennen. Bis dahin bin ich schon längst angezogen.“
Mittlerweile war Andrea mit dem Waschen fertig geworden, und jetzt mußte die Überraschung folgen. Nun mußte sie in das zugenähte Kleid schlüpfen. Ich kicherte schon unter der Bettdecke vor Freude über das Gesicht, das sie machen würde.
Aber was geschah? Andrea nahm ihr Kleid und — zog es ungehindert an! Ich traute meinen Augen nicht. War denn das die Möglichkeit? Mit beiden Beinen zugleich sprang ich aus dem Bett, stürzte zum Sessel und riß das zweite Kleid an mich. Da bemerkte ich die Ursache dafür, daß Andrea keine Schwierigkeiten mit dem Anziehen hatte: Ich hatte am Tag zuvor mein eigenes Kleid zugenäht!
Als Andrea merkte, was geschehen war, wieherte sie aus vollem Halse, lief aus dem Zimmer und berichtete der ganzen Familie, was vorgefallen war. Ich aber war nun wieder der „Palmesel“ und mußte, ob ich wollte oder nicht, die Naht selber auftrennen.
Als ich damit endlich fertig war und angekleidet das Frühstückszimmer betrat, lachte mir die ganze Familie entgegen und rief: „Palmesel! Palmesel!“
Doch was mich am meisten traf, war, daß Andrea schnippisch meinte: „Wer anderen eine Grube gräbt, fällt selbst hinein!“

Die durch eine offene Situation ausgelöste Spannung kann durch **Informationsverzögerung („Zeitdehnung")** noch erhöht werden. Dies geschieht vor allem dadurch, daß weitere Einzelheiten geschildert werden, also was die Personen, über die du schreibst, gedacht, gefühlt, gesagt haben oder was sonst noch während der offenen Situation vorgefallen ist.

14 → *L*

An dem folgenden Beispiel, verfaßt von einem Schriftsteller, kannst du dies deutlich beobachten.
In welcher Zeitform wird berichtet?

Das Rennen

„Noch 2 Minuten bis zum Start!" verkündet der Lautsprecher.
Monteure mit ihren blauen, roten, gelben und grünen Overalls sind um die Rennmaschinen, Helfer und Betreuer um die Fahrer bemüht. Hier setzt sich einer den Sturzhelm zurecht, dort putzt einer noch rasch die Brille.
Die Musik ist verstummt, und die Stimme aus dem Lautsprecher ermahnt jetzt die Zuschauer an der Strecke zum allerletzten Mal, hinter den Strohballen zu bleiben.
„Noch 1 Minute bis zum Start!"
Eine weiße Tafel wird hochgehoben, damit auch Ausländer es lesen können: „1 Min."
Jetzt müßte man Nerven haben — wie dieser Coca-Cola-Verkäufer drüben unter dem schattenspendenden Baum, der das Wechselgeld zählt, als ginge ihn das alles hier nichts an.
„Noch 30 Sekunden bis zum Start! Helfer, Funktionäre, Startplatz räumen!"
Jetzt wird es ernst. Onkel Theobald rückt aufgeregt auf seinem Tribünenplatz hin und her und saugt an der Zigarre, und sogar der Coca-Cola-Mann erklettert eine kleine Kiste, um hinübersehen zu können zum Startplatz.
Aber die Fahrer, mein Gott, die Fahrer!
Man möchte aufspringen, schreien oder gar hinunterlaufen und sie aufrütteln: „He, habt ihr nicht gehört? Nur noch 30 Sekunden!"
Sie aber lehnen sich behäbig an die Maschinen und erwecken den Eindruck, als hätten sie es gar nicht eilig. Der eine hat seinen Sturzhelm noch nicht ganz verschnürt, der andere putzt noch immer an seiner Brille herum, der dritte setzt sich auf seine Maschine, obwohl er sie doch in 30 — ach was, in 20 — Sekunden anschieben soll.
„Noch 10 Sekunden!"
Das quälende Warten ist endlich vorbei. Jetzt ist es Zeit, die Brille herunterzuziehen, den Gang einzudrücken

und die Maschine auf den Kompressionspunkt zurückzuschieben.
Es ist eine fast gespenstische Stille, die über dem Startplatz liegt, wenn es sich um ein Motorradrennen handelt — und es ist ein ohrenbetäubendes Röhren und Dröhnen beim Start von Rennwagen.
Da — das letzte Zeichen zum Start: „Noch 5 Sekunden — vier — drei — zwei — eins!"
Onkel Theobald fällt die Zigarre aus dem Mund, und der Coca-Cola-Mann kippt just in diesem Augenblick von seinem Kistchen . . .
„Start!"

C. F. Riedl

Ein weiteres sprachliches Mittel, die Spannung zu steigern, ist der **Wechsel der Zeitform** auf dem Höhepunkt der Erzählung. Dabei wird von der Mitvergangenheit (dem Präteritum) zur Gegenwart (dem Präsens) übergegangen.

Beispiel:

Ein glatter Stein

Im vergangenen Sommer war ich mit meinen Eltern in Tirol. Das Tal, in dem wir wohnten, war ringsum von hohen Bergen umgeben.

Eines Tages ging meine Freundin Waltraud, die ich dort kennengelernt hatte, mit mir auf eine Alm. Der Weg dorthin war gut markiert, sodaß wir uns nicht verirren konnten. Auf der Alm kauften wir uns bei der Sennerin ein Glas Milch und wanderten dann noch weiter aufwärts, der Markierung nach. Auf einmal führte diese uns durch einen Gebirgsbach. Wir zogen die Schuhe und die Strümpfe aus und wollten durchwaten.
Meine Freundin warnte mich: „Paß auf! Die Steine sind glatt!"
In demselben Augenblick tritt sie selbst auf einen Stein, schwankt, rutscht ab, kommt mit dem linken Fuß auf einen anderen Stein, gleitet auch da aus, und — platsch! — liegt sie im Wasser.
Erst waren wir erschrocken, doch da sie sich nicht verletzt hatte, lachten wir beide und versuchten vorsichtig, wieder ans Ufer zu gelangen. Wir ließen die nassen Kleidungsstücke in der Sonne trocknen und liefen dann, so schnell wir konnten, ins Tal.

Lisl (12)

*15

*Schreibe eine spannende Erzählung zu einem der folgenden **Themen**:*

Rettung in letzter Minute — Eine Überraschung am Morgen — Ein Wettkampf — So ein Mißgeschick! — Das ging noch gut aus — Nie wieder! — Erwischt!

Wie man erfundene Geschichten schreibt

16

In der Schule, die Ilse besucht, werden die besten erfundenen Geschichten in der Schülerzeitung, die einmal im Monat erscheint, veröffentlicht. Klar, daß sich jeder Schüler bemüht, auch einmal seinen Text dort veröffentlicht zu finden.
Nachfolgend einige Beispiele von Schülern der dritten und vierten Klassen:

a) Ich besuche Atlanta, die Stadt auf dem Meeresgrund

Wir schreiben das Jahr 2548.
Der Meeresgrund des Atlantiks wird von Robotern für die Menschen bewohnbar gemacht. Sie sind darauf programmiert, hier riesige Städte zu bauen. Gleichzeitig erforschen bemannte und unbemannte Raumschiffe das Universum. Staatsgrenzen gibt es schon längst nicht mehr. Alle Menschen betrachten sich als Brüder.
An einem solchen Tag im Jahre 2548 befinde ich mich auf einer Kontrollfahrt auf dem Meeresgrund. Mein U-Boot streicht langsam über den Meeresboden, der von den Menschen fruchtbar gemacht worden ist.
Als mein Bordchronometer 17.28 Uhr zeigt, treffe ich in Atlanta ein. Atlanta ist eine der größten und modernsten Städte auf dem Meeresgrund. Errichtet wurde die Stadt im Jahre 2436. Seither werden jedes Jahr die Wohnmöglichkeiten überprüft, die neuesten technischen Geräte werden zum Einsatz gebracht.
Nachdem ich die Wasserschleuse der riesigen Kuppel hinter mich gebracht habe, befinde ich mich auf trockengelegtem Meeresgrund, der sich kaum vom Boden der Erdoberfläche unterscheidet.
Hier in Atlanta leben rund eine Million Techniker mit ihren Familien. Die Versorgung erfolgt durch Taucherglocken, die jeden Tag hier eintreffen. Die Stadt hat auch eigene Nahrungsspeicher, von deren Vorräten man im Notfall bis eineinhalb Jahre leben könnte. Die Atemluft wird von der Erdoberfläche herabgepumpt. Atlanta wird im Gefahrenfall durch einen Energieschirm geschützt. Es gibt aber auch noch andere Sicherheitsmaßnahmen, die allerdings geheimgehalten werden.

Nachdem ich meinen Druckanzug abgelegt habe, besteige ich einen bereitstehenden Elektrobus, der mich zum Versorgungszentrum der Stadt bringt. Neugierig betrachte ich inzwischen die kubischen Bauten, die rechts und links scheinbar vorbeigleiten.
Um 17.35 Uhr bin ich in der Zentrale angelangt. Der dort diensttuende Techniker empfängt mich freundlich. Ich erledige kurz meinen Auftrag, dann lädt mich der Techniker zu einer Stadtrundfahrt ein.
Atlanta besteht aus lauter Quadern und Kugeln, die als Wohn- und Büroräume dienen. Zuerst geht es zur Computerzentrale, wo lautlos Millionen von Informationseinheiten pro Sekunde gespeichert und verarbeitet werden. Nun werde ich zu einer Art Erfrischungsstation geführt. Ein Roboter empfängt mich, und mein Gastgeber rät mir, in die Tastatur des Roboters meine Wünsche zu tippen. Wenige Sekunden später werden auf einem laufenden Band die Speisen serviert. Als ich mich ein wenig erfrischt fühle, besteigen wir wieder ein elektronisch gesteuertes Fahrzeug, das uns zum anderen Ende der Stadt bringt. In diesem Teil Atlantas sind die Wohnungen der Techniker untergebracht. Ich wundere mich, daß hier marmorne Paläste, von herrlichen Grünanlagen umgeben, stehen. Mein Erstaunen wächst, als ich sehe, wie hier Roboter neben Menschen umherlaufen. Doch gleich erklärt man mir, daß die Roboter nur Diener der Menschen sind und diesen die Handgriffe des Alltags abnehmen. Die Grünanlagen werden von einer künstlichen Lichtquelle bestrahlt und in gleichen zeitlichen Abständen mit Wasser berieselt.
Um 22 Uhr muß ich die Rückreise antreten, um rechtzeitig wieder auf der Erdoberfläche zu sein. Mein U-Boot, das inzwischen gewartet worden ist, wird mich wieder nach oben bringen.

Herbert (14)

b) Meine Begegnung mit dem Wolf (eine neue Münchhausen-Geschichte)

Als ich kürzlich durch den Wald pirschte, lief plötzlich ein Wolf auf mich zu. Das hatte nichts Gutes zu bedeuten. Schnell nahm ich meine Flinte zur Hand, doch der Zufall wollte es, daß ein Sandkorn in den Lauf der Flinte flog und diese unbrauchbar machte. So faßte ich die Schußwaffe, um sie als Keule zur Abwehr des Wolfes zu benutzen. Aber auch damit hatte ich Pech: Der Abzug löste sich, das Zündblättchen entzündete das Pulver, und die verstopfte Waffe explodierte mit einem lauten Knall.
Wie durch ein Wunder war mir nicht ein Haar gekrümmt worden, obwohl im Umkreis von Kilometern alle Bäume entwurzelt waren.

Nun war ich ganz ohne Waffen und hatte nur noch meine Fäuste zur Verteidigung. Der Wolf, durch diesen Umstand ermuntert, kam nun wütend auf mich zu. Dabei riß er sein Maul derartig weit auf, daß es wohl eine Spanne von einem halben Meter hatte.
Durch meine langjährige Jägererfahrung fand ich aber auch jetzt die richtige Lösung. Ich brach einen dicken Ast eines neben mir stehenden Baumes ab, und als der Wolf nun auf mich zustürmte, steckte ich ihm kurzerhand den Ast quer in das aufgerissene Maul. Doch was weiter? Wieder hatte ich einen rettenden Gedanken. Blitzschnell stieß ich meine Rechte in den Rachen des Tieres, schob sie durch dessen Leib, um auf der anderen Seite den Schwanz zu packen. Mit einem Ruck zog ich

diesen auf demselben Weg zurück, und ehe der Wolf sich besann, hatte ich seinen Schwanz an dem quergestellten Ast in seinem Maul festgeknotet. So konnte er sich nicht mehr aus eigener Kraft fortbewegen.
In dieser einmaligen Verpackung brachte ich meine Beute in die nächste Stadt und wurde mit großem Jubel empfangen, denn bei dem Wolf handelte es sich um einen gefährlichen Einzelgänger, der schon viele Bürger der Stadt verschlungen hatte.

Paul (14)

Gliedere die Geschichten nach Erzählschritten und stelle fest, wie Spannung erzeugt wird!

Auch **Lügengeschichten** und andere erfundene Geschichten sollen in sich geschlossen sein.
Die Handlung soll wie bei einer Erlebniserzählung auf einen Höhepunkt hin aufgebaut sein.
Die Übertreibungen ins Unglaubliche sollten scherzhaften Charakter haben.

*17

Denke dir ebenfalls utopische Geschichten oder Lügengeschichten aus und schreibe sie auf! Versuche dabei, spannend zu erzählen!
Hier einige **Themenvorschläge**:

Ein Tag im Jahr 3000
Was ich erlebt habe, als ich einen Tag unsichtbar war
Raumfahrzeug begegnet fliegendem Teppich
Ein unglaubliches Abenteuer im Urwald
Das Neueste von Münchhausen

18

Manche Schüler lassen sich **durch Stichworte anregen**, eine Geschichte zu schreiben.
Peter hat sich zu den Stichworten „Geldbörse — Turnstunde — ein Neuer in der Klasse" folgende Geschichte ausgedacht:

Falscher Verdacht

In unsere Klasse kam ein Neuer. Keiner von uns war so recht begeistert davon. Er war schnell der Liebling der Lehrer, und das machte ihn bei den Mitschülern unbeliebt.
An einem Mittwoch in der vierten Stunde war wieder einmal Turnunterricht. Der Neue konnte daran nicht teilnehmen, denn er hatte sich den Fuß verstaucht. Deshalb wartete er im Umkleideraum.
Alle freuten sich auf die Turnstunde, denn es sollte Korbball gespielt werden, was bei uns sehr beliebt war. Es war ein spannendes und schnelles Spiel. Die Mannschaft von Wolfgang gewann gegen jene von Robert mit 6 : 2 Körben.
Als wir wieder in die Umkleideräume gingen, fing das übliche Theater an: „Ihr habt ja nur gewonnen, weil ihr foul gespielt habt!"
„Du spinnst ja, du bist ja nur beleidigt, weil ihr verloren habt!"
Da mischte sich der Neue ein: „Wolfgangs Mannschaft hat gewonnen, weil sie besser gespielt hat."
„Du hast gar nicht mitzureden!" rief Robert, der schon fast angezogen war. Plötzlich schrie er ganz laut: „Jemand hat mir meine Geldbörse gestohlen, das kann nur der Neue gewesen sein! Der steckt ja in alles seine Nase! Der war allein hier im Umkleideraum!"
Der Neue aber erwiderte: „Nein, ich war es nicht, aber vielleicht hast du sie verloren."
Robert lachte höhnisch: „Ich etwas verlieren? Ich habe noch nie etwas verloren!"
„Das kann sein, aber ich habe sie nicht gestohlen", verteidigte sich der Neue.
Da kam der Turnlehrer herein, dem es zu laut geworden war, und sagte: „Robert, bevor du jemand beschuldigst, sieh doch erst einmal unter deiner Bank nach!"
Robert bückte sich, und wirklich fand er dort seine Geldbörse. Er hob sie auf und steckte sie rasch ein.
„Und", sagte der Turnlehrer, „wenn du neu in der Klasse wärst, möchtest du auch, daß sich jemand um dich kümmerte."
Diesen Rat nahm sich Robert, der ein schlechtes Gewissen hatte, zu Herzen, und bald wurden er und der Neue gute Freunde.

Peter (13)

*19

*Denke dir zu den folgenden **Stichworten** eine **Geschichte** aus:*

Nagel — Hammer — Bruder
Autoschlüssel — Gewitter — Wald
Mutter — Kinderwagen — Auto
Wellensittich — Franz — Freunde
Herbst — Wasser — Wald — Angst

20 → *L*

Auch mit den folgenden Zeichnungen von Hans Jürgen Press läßt sich eine Geschichte erzählen. Der kleine Mann heißt Jakob.
Laß ihn zu Hause seiner Familie berichten!

Beschreibe bei der **Bildgeschichte** nicht bloß das, was du auf den Zeichnungen siehst, sondern was auf den Bildern geschieht! Gib — wie bei der Erlebniserzählung — auch wieder, was gesprochen wird und was sich die Personen denken, sodaß ein unterhaltsamer Text entsteht!

21

Hier siehst du eine weitere Vorlage für eine Bildgeschichte.
Suche dazu eine passende Überschrift!

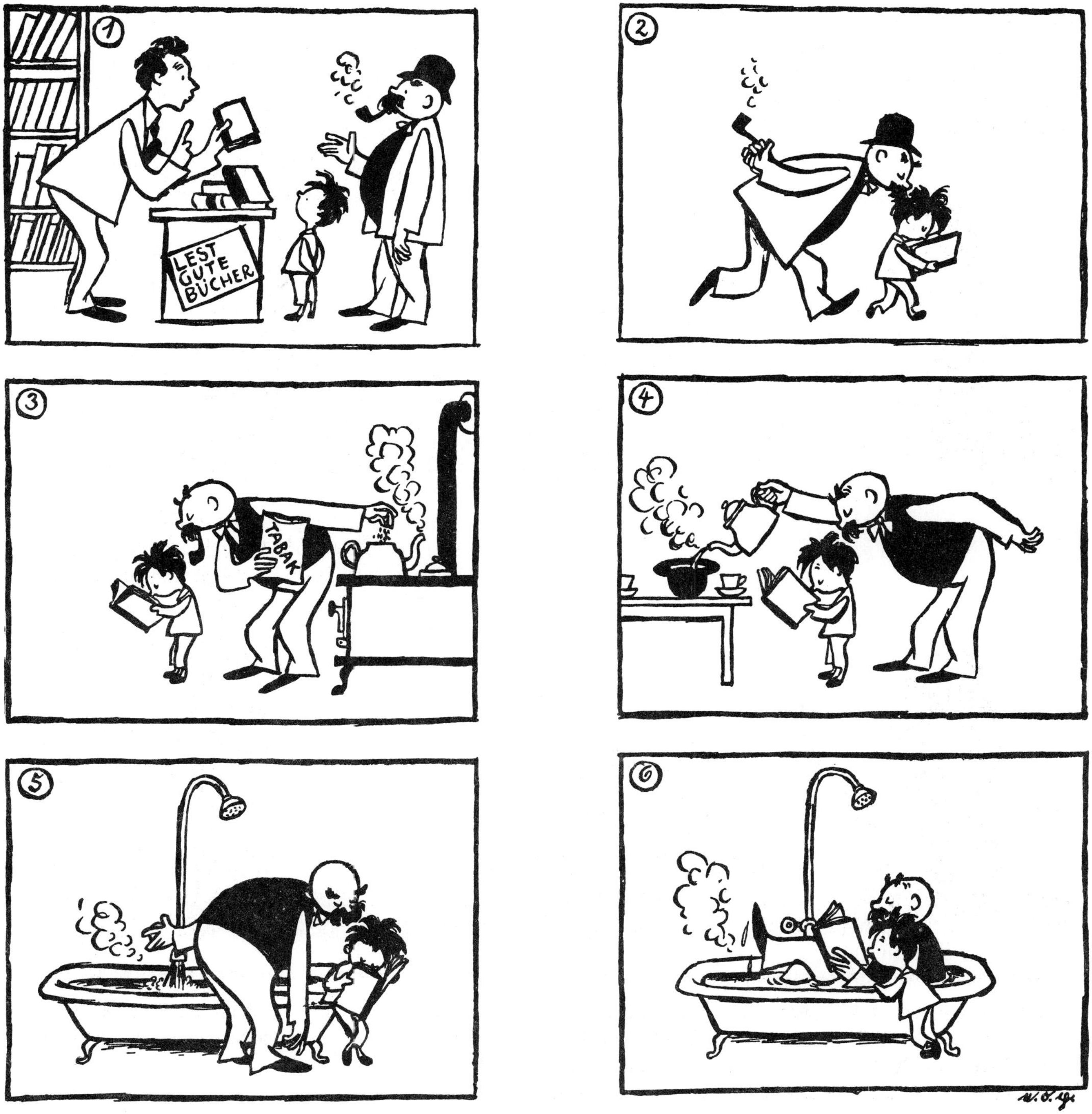

Wie Prosatexte ausgebaut, umgeformt oder nachgestaltet werden können

22

Als **Stoffquelle** für Erzählungen können auch **Berichte aus Tageszeitungen** dienen, wenn du sie durch Einzelheiten erweiterst und lebendig darstellst.
Ein Beispiel:

Mutige Tat einer 19jährigen

(APA[1], Linz.) Die neunzehnjährige Angestellte Gertrude Lederer rettete gestern der siebzigjährigen Hermine S. das Leben, indem sie diese aus den eiskalten Fluten des Mühlbaches bei Achleiten/OÖ[2] herauszog. Hermine S. war beim Überqueren eines Holzsteges auf dem schneeglatten Weg vom Sturm umgeworfen worden und in das Wasser des Mühlbaches gestürzt. Die Frau kam mit dem Leben davon.

„So schnell bin ich noch nie gelaufen!“

Ein eisiger Schneesturm wehte.
Gertrude Lederer, die im Büro eines Linzer Kaufhauses beschäftigt ist, war schon früh aufgestanden, um rechtzeitig zu ihrer Arbeitsstelle zu gelangen. Gertrude wohnte noch im Hause ihrer Eltern. Um nach Linz zu kommen, mußte sie zu Fuß eine halbe Stunde zum Bahnhof Rohr gehen. Ein Blick durchs Fenster hatte sie überzeugt, daß es heftig schneite und stürmte.
Als sie vor das Haus trat, mußte sie sich am Türstock festhalten, sonst hätte sie der Wind umgerissen. Trotzdem arbeitete sie sich weiter, stemmte sich gegen den Wind. Aber als sie zur Straße kam, die nach Rohr führt, mußte sie feststellen, daß diese meterhoch zugeweht war. Es blieb ihr daher nichts anderes übrig, als umzukehren. Auf dem Rückweg mußte sie wieder über den schmalen Holzsteg, der den Mühlbach überquert. Da glaubte sie, durch das Brausen des Sturmes Hilferufe zu vernehmen. Oder hatte sie sich getäuscht?
Da, wieder: „Hilfe! Hilfe!“
Es kam vom Mühlbach. Sie klammerte sich an das Geländer der Holzbrücke und blickte in die Richtung, aus der die Hilferufe kamen. Jetzt wieder die Hilferufe! Da sah sie eine alte Frau auf den Eisschollen treiben.
„Halten Sie sich fest!“ rief ihr Gertrude zu. „Ich komme!“
Tatsächlich konnte die alte Frau einen Ast ergreifen, der vom Ufer in den Bach hing, und sich daran festhalten. Lange hätte sie es in dem eisigen Wasser aber trotzdem nicht ausgehalten, wenn nicht schon Gertrude Lederer durch den tiefen Schnee angestapft wäre. Bekleidet, wie es war, sprang das mutige Mädchen ins Wasser und half der alten Frau, die schon völlig erschöpft war, das Ufer zu erklimmen. Die Frau schüttelte es am ganzen Körper. Ermattet sank sie in den Schnee.

1 Austria Presse Agentur
2 Oberösterreich

Da lief Gertrude, so schnell sie konnte, zum nahen Haus ihrer Eltern und holte Hilfe. Auch die Nachbarn kamen mit. Gemeinsam trugen sie die vor Kälte zitternde Frau in das Haus, zogen ihr die nassen Kleider aus und rieben sie mit Alkohol ein. Doch die Frau bekam hohes Fieber. Gertrude telefonierte nach einem Arzt und kümmerte sich auch sonst um die Gerettete.
Als der Arzt kam, beruhigte er die Verunglückte und die Retterin und sagte, daß die alte Frau außer Lebensgefahr sei.
Wäre Gertrude an diesem Tag nicht verhindert gewesen, zur Arbeit zu fahren, wäre die Frau erfroren.
Gertrude holte während der nächsten Tage die versäumte Arbeitszeit nach.
Einem Zeitungsreporter, der sie in der Mittagspause über den Vorfall befragte, sagte sie: „So schnell bin ich noch nie gelaufen!"
Ihre Heldentat bezeichnete sie als Selbstverständlichkeit.

Hermann (14)

Erzähle die Geschichte nach, laß aber Gertrude in der Ichform von ihrem Erlebnis erzählen!

23 → L

Versuche auf ähnliche Weise den folgenden Zeitungsbericht zu einer Erzählung auszubauen:

Ein Soldat als Helfer

(DPA[1], Frankfurt.) In einem Dankschreiben drückte der Bürgermeister von Fulda aus, was viele Bürger seiner Stadt für einen Soldaten der Deutschen Bundeswehr empfanden. Michael Hofstetter hatte mit einer ebenso dramatischen wie besonnenen Rettungsaktion den neunjährigen Otto M., der von einem Auto niedergestoßen worden war und mit blutenden Wunden auf der Fahrbahn lag, durch rasches Handeln vor dem Tod bewahrt.

1 Deutsche Presseagentur

24 → L

Auch **Prosatexte** von Dichtern können dir **als Muster für das Verfassen eines eigenen Textes** dienen. Dabei werden die Form und der Grundgedanke beibehalten, der Inhalt wird aber verändert.

Der Löwe und die Maus

Eine Maus kroch gerade zwischen den Tatzen eines Löwen aus der Erde. Sie war sehr erschrocken. Der König der Tiere aber schenkte ihr großmütig das Leben. Diese Großmut vergaß die Maus nicht.

Es klingt unwahrscheinlich, aber eines Tages brauchte der Löwe die Hilfe der Maus. Er hatte sich nämlich in einem Netz gefangen. Der Löwe brüllte zornig, aber er konnte sich nicht befreien. Da eilte die Maus herbei. Sie nagte so lange an den Stricken, bis der Löwe das Netz auseinanderreißen und entkommen konnte. So hatte die Maus mit Geduld und Ausdauer das erreicht, was der mächtige König der Tiere trotz seiner Stärke und seines lauten Gebrülls nicht hatte erreichen können.

La Fontaine

Dieser Text ist eine Fabel. In Fabeln sprechen und handeln Tiere wie Menschen.

- Jede **Fabel** möchte dem Leser einen Ratschlag erteilen, etwa wie man sich im Umgang mit seinen Mitmenschen richtig verhalten sollte, oder eine Mahnung, wie man sich vor Schaden bewahren kann.
- Wenn du den **Aufbau der Fabeln** betrachtest, wirst du feststellen, daß sie immer aus drei Teilen bestehen: Ohne Einleitung setzt sofort eine **Handlung** ein, ihr folgt eine **Gegenhandlung**. Das Ergebnis, die **Lösung**, wird verallgemeinert und zumeist am Schluß in einem Lehrsatz zusammengefaßt.
- In Fabeln werden nur die Wende- und Höhepunkte des **dramatischen Geschehens** vorgeführt.

Formuliere die Lehre (Moral) der Geschichte vom Löwen und der Maus in einem allgemeingültigen Lehrsatz! Zeige an einem Beispiel, daß der Lehrsatz auch gegenwärtig noch Gültigkeit hat!

25 → L

Verfasse nach dem vorherigen Muster ebenfalls eine Fabel, bei der ein Schwächerer einem Stärkeren die Hilfe, die er ihm einmal geleistet hat, vergilt und diesem in einem Notfall beisteht! Wähle z. B. den Titel „Der Fuchs und die Maus", „Der Elefant und die Maus" oder „Der Hai und die Sardine"!

26 → L

Nachstehend zwei **Beispiele von Schülern**:

a) Der Hund und die Katze

Eine Katze, die durch das Dorf streifte, traf einen Hund. Der Hund war gerade dabei, ein Stück Wurst zu verputzen.
Die Katze sagte zu ihm: „O, Meister aller Läufer, du bist es doch, der alles kann!"
„Ja, da hast du vollkommen recht", antwortete der Hund.
„Aber eines kannst du bestimmt nicht", widersprach die Katze.
„Was denn?"
„Deinen Namen schreiben", erwiderte die Katze.
Der Hund legte die Wurst aus den Pfoten und wollte es der Katze zeigen.
Da griff sich die Katze die Wurst und sagte: „In Zukunft sei lieber nicht so angeberisch!" und lief davon.

b) Der großmäulige Hamster

Ein Hamster, der gemütlich in der Sonne saß, sah einen anderen Hamster emsig in einem Weizenfeld hin und her laufen.
„Was machst du da?" fragte er.
„Ich sammle Wintervorrat. Und warum tust du das nicht?" antwortete dieser.
„Ich brauche nicht mühselig Körnchen um Körnchen zu sammeln. Beim Müller kann ich mir so viel holen, wie ich will. Sein Hund tut mir nichts, ich bin sogar mit ihm befreundet", prahlte dieser.
„Toll, das mach ich auch!" rief da der Fleißige.
„Ja, aber . . ."
„Nichts aber", unterbrach ihn der andere, „ich hole mir auch Weizen. Oder hast du gelogen? Komm, wir gehen gleich hin!"
Was blieb dem Hamster anderes übrig, als mitzugehen? Doch der große Wachhund rannte zähnefletschend auf sie los. Den großmäuligen Hamster schnappte er und biß ihm eine tiefe Wunde. Der andere konnte entwischen. Humpelnd und blutend kam der Angeber zu seinem Bau zurück.

„Hör mal", sagte er zu dem anderen, „wahrscheinlich hat mich der blöde Hund nicht erkannt und deshalb gebissen!"
„Wahrscheinlich", spottete der Fleißige, „hatte er nur seine Brille nicht auf", und er ließ den Angeber allein.

Formuliere die Lehren dieser beiden Fabeln!

27

Lustig ist es auch, **Märchen umzuformen**, indem z. B. gute Personen als böse dargestellt werden und böse als gute. Solche Texte, die ein ernstgemeintes Werk ins Lächerliche ziehen und dabei die äußere Form nachahmen, werden **Parodien** genannt.
Das folgende Beispiel stammt von Paul Maar:

Die Geschichte vom bösen Hänsel, der bösen Gretel und der Hexe

Es war einmal eine alte Hexe, die hatte ihr ganzes Leben lang gearbeitet, hatte gezaubert vom frühen Morgen bis zum späten Abend, hatte gehext und Zaubersprüche aufgesagt jeden Tag und war nun in das Alter gekommen, in dem ihre Zauberkraft nachließ und ihre Kräfte langsam schwanden.
Sie wurde aber nicht böse und giftig darüber wie manche andere Hexen, wenn sie so alt werden, sondern sagte sich: „Mit meiner Zauberkraft geht es zu Ende. Da will ich mir eine andere Beschäftigung suchen, damit ich nicht faulenzen muß und auf trübe Gedanken komme. Ich werde mein Haus zum schönsten Hexenhaus weit und breit machen."
Und schon am darauffolgenden Tag begann sie, ihr Häuschen aufs wunderlichste zu schmücken. Auf die Dachziegel legte sie Lebkuchen, die Wände verkleidete sie mit Brot und Kuchen, verziert mit Mandeln und Nüssen, ihre Glasfenster hängte sie aus und hängte neue ein, ganz aus weißem Zucker. Das dauerte viele Wochen. Jeden Tag mußte die alte Frau in der Küche stehen und backen. Aber sie arbeitete unermüdlich, und endlich war das Häuschen fertig.
Da war die Hexe stolz auf ihr Haus! Jeden Abend saß sie auf der Bank neben der Haustür, betrachtete die bunten Mauern, hexte mit ihrer versiegenden Zauberkraft mühsam noch einen roten Zuckerguß auf einen Kuchen oder verzierte einen Lebkuchen mit einer Nuß, wischte überall Staub und rieb dann die neuen Zuckerscheiben glänzend.
Und wenn irgendein Tier an ihrem Haus vorbeikam, staunend stehenblieb und schließlich sagte: „So ein schönes Haus habe ich noch nie gesehen", wurde sie grün vor Stolz.
Eines Tages stand die Hexe gerade vor ihrem Backofen und wollte einen Lebkuchen backen, weil der Wind in der Nacht einen vom Dach geweht hatte. Da war es ihr, als knuspere draußen jemand an ihrem schönen Haus und breche ganze Stücke ab.
Ängstlich rief sie: „Knusper, knusper, Knäuschen — wer knuspert an meinem Häuschen?"
Von draußen antwortete ein dünnes Stimmchen: „Der Wind, der Wind, das himmlische Kind!"
„Da bin ich beruhigt!" seufzte die Hexe erleichtert. „Es ist nur der Wind, der da draußen lärmt. Und ich hatte schon Angst, jemand wolle mein Häuschen zerstören."
Wie sie das gerade sagte, zersprang ihre schöne Fensterscheibe, an der sie drei Wochen gearbeitet hatte; ein Mädchen griff nach den Splittern und aß sie auf. Müh-

sam humpelte die Hexe nach draußen, um zu sehen, wer der Störenfried sei. Vor dem Haus standen zwei Kinder, ein Mädchen und außerdem ein Junge, rissen die Dachziegel herunter, um sie aufzuessen, zerbrachen die Wand und zersplitterten die weißen Zuckerfenster.
Da war die Hexe traurig und wütend zugleich.
„Wer seid ihr?“ fragte sie. „Und warum zerstört ihr mein liebes Haus, an dem ich so lange gebaut habe?“
Die Kinder antworteten, sie hießen Hänsel und Gretel und hätten aus Hunger von dem Haus gegessen.
„Warum habt ihr aber gelogen und gesagt, ihr wäret der Wind?“ forschte die Alte weiter. „Hättet ihr an meine Tür geklopft und um Essen gebeten, so hätte ich es euch nicht verwehrt.“
Da blickten die beiden Kinder beschämt zu Boden.
Aber weil sie der alten Hexe trotz allem leid taten, sagte sie: „Kommt nur herein und bleibt bei mir! Es geschieht euch kein Leid.“
Und sie faßte beide an der Hand und führte sie in ihr Häuschen. Da ward gutes Essen aufgetragen, Milch und Pfannkuchen mit Zucker und Äpfel und Nüsse. Hernach wurden zwei schöne Bettlein weiß gedeckt, und Hänsel und Gretel legten sich hinein und meinten, sie wären im Himmel.
Als sie so friedlich schliefen, betrachtete die Hexe sie und sagte: „Sie waren sehr böse zu mir, haben gelogen und mein schönes Häuslein zerstört. Aber vielleicht sind sie nicht ganz verderbt. Ich will sie dabehalten, ihnen zu essen geben und versuchen, sie zu bessern.“
Am darauffolgenden Morgen gab sie den beiden eine leichte Arbeit zu tun und rührte dann einen Teig an, denn sie wollte den Schaden an ihrem Haus wieder ausbessern. Aber Hänsel, der naschhaft war und dem die süßen Lebkuchen auf dem Dach besser schienen als das Frühstück auf dem Tisch, ging hinaus und begann leise vom Haus zu essen. Als das die Hexe merkte, wurde sie sehr zornig.
„Ich habe dich nicht bestraft für deine Lügen und deine bösen Taten von gestern, sondern dir und deiner Schwester sogar zu essen und ein Bett zum Schlafen gegeben!“ schalt sie. „Und du ungezogenes Kind lohnst es mir, indem du den Schaden an meinem Haus noch ärger machst!“
Und zur Strafe und damit er nicht noch mehr Unheil anrichten konnte, sperrte sie ihn in einen Stall neben dem Haus.

Damit er es aber gut hatte in seinem Gefängnis und nicht zu hungern brauchte, fragte sie ihn oft durch das Gitter: „Bist du auch satt, bekommst du genügend zu essen? Streck deinen Finger heraus!“
Hänsel hatte sehr viel zu essen bekommen, aber da er sehr gefräßig war, täuschte er die alte Frau, die schon nicht mehr richtig sehen konnte, durch eine arge List, um noch mehr zu erhalten.
Er streckte ein abgenagtes Knöchlein durch das Gitter und sagte mit kläglicher Stimme: „Meine Schwester gibt mir zuwenig Mahlzeiten, ich bin schon ganz mager.“
Die Alte betastete das Knöchlein und sagte: „Fürwahr, er ist ganz mager! Gretel, er muß mehr zu essen bekommen.“
Die Gretel aber, die ein faules Mädchen war, maulte und sagte, sie könne nicht kochen.
„Dann mußt du eben backen!“ rief die Hexe und heizte den Backofen an, um für den Hänsel eigens ein großes Brot zu backen.
Als sie aber das Feuer angeschürt hatte und gerade nachsehen wollte, ob recht eingeheizt sei, da gab ihr die arglistige Gretel von hinten einen Stoß, daß die Hexe weit hineinfuhr, machte die eiserne Tür zu, schob den Riegel vor, und die arme Alte mußte elendiglich verbrennen. Dann befreite das böse Mädchen ihren Hänsel aus dem Stall, wo er seine Strafe absitzen sollte, und sie durchwühlten gemeinsam das ganze Hexenhaus. In einer Ecke hatte die Hexe eine Kiste mit Perlen und Edelsteinen stehen, die ein Erbstück von ihrem Vater war, einem

großen Hexenmeister. Die raubten die beiden Kinder, stopften sich die Taschen voll mit Schmuck und Geschmeide und liefen schnell aus dem Wald.

28

Verändere auf ähnliche Weise das Märchen vom Rotkäppchen! Nimm dabei an, das Rotkäppchen sei böse und der Wolf gut!

29 → L

Erfinde eine Vorgeschichte zu dem Märchen „Hänsel und Gretel"!
Wie könnte das Leben der Hexe ausgesehen haben bis zum Beginn des bekannten Märchens der Brüder Grimm?

- In **Märchen** wird das Schicksal einzelner Menschen erzählt.
- Es werden **keine bestimmten Angaben** zu den Personen, zum Zeitpunkt und zum Ort des Geschehens gemacht.
- Zwischen Wirklichkeit und Wunder wird **nicht unterschieden**.
- Oft werden **gute** Menschen **bösen gegenübergestellt**.
- Das Märchen ist für gewöhnlich **dreigliedrig**: Der Schilderung einer **Ausgangssituation**, die den Leser neugierig macht, folgt das **Mittelstück**, in dem die Hauptfigur Hindernisse überwinden muß, um (am **Ende**) die glückliche Wende zu erreichen.

30 → L

Forme das folgende ***Märchen vom Rumpelstilzchen*** *um, indem du das Rumpelstilzchen von dem Geschehen erzählen läßt:*

Es war einmal ein Müller, der war arm, aber er hatte eine schöne Tochter.
Nun traf es sich, daß er mit dem König zu sprechen kam, und um sich ein Ansehen zu geben, sagte er zu ihm: „Ich habe eine Tochter, die kann Stroh zu Gold spinnen."
Der König sprach zum Müller: „Das ist eine Kunst, die mir wohl gefällt. Wenn deine Tochter so geschickt ist, wie du sagst, so bring sie morgen in mein Schloß! Da will ich sie auf die Probe stellen."
Als nun das Mädchen zu ihm gebracht ward, führte er es in eine Kammer, die ganz voll Stroh lag, gab ihm Rad und Haspel und sprach: „Jetzt mache dich an die Arbeit! Und wenn du diese Nacht durch bis morgen früh dieses Stroh nicht zu Gold versponnen hast, so mußt du sterben."
Darauf schloß er die Kammer selbst zu, und es blieb allein darin. Da saß nun die arme Müllerstochter und wußte um ihr Leben keinen Rat. Sie verstand gar nichts davon, wie man Stroh zu Gold spinnen konnte, und ihre Angst ward immer größer, daß sie endlich zu weinen anfing.
Da ging auf einmal die Tür auf, und es trat ein kleines Männchen herein und sprach: „Guten Abend, Jungfer Müllerin, warum weint sie so sehr?"
„Ach", antwortete das Mädchen, „ich soll Stroh zu Gold spinnen und verstehe das nicht!"
Sprach das Männchen: „Was gibst du mir, wenn ich dir's spinne?"
„Mein Halsband", sagte das Mädchen.
Das Männchen nahm das Halsband, setzte sich vor das Rädchen, und schnurr, schnurr, schnurr, dreimal gezogen, war die Spule voll. Dann steckte es eine andere auf, und schnurr, schnurr, schnurr, dreimal gezogen, war auch die zweite voll. Und so ging's fort bis zum Morgen, da war alles Stroh versponnen, und alle Spulen waren voll Gold.
Bei Sonnenaufgang kam schon der König, und als er das Gold erblickte, erstaunte er und freute sich, aber sein Herz ward nur noch goldgieriger. Er ließ die Müllerstocher in eine andere Kammer voll Stroh bringen, die noch viel größer war, und befahl ihr, das auch in einer Nacht zu spinnen, wenn ihr das Leben lieb wäre.
Das Mädchen wußte sich nicht zu helfen und weinte, da ging abermals die Tür auf, und das kleine Männchen erschien und sprach: „Was gibst du mir, wenn ich dir das Stroh zu Gold spinne?"
„Meinen Ring von dem Finger", antwortete das Mädchen.
Das Männchen nahm den Ring, fing wieder an zu schnurren mit dem Rad und hatte bis zum Morgen alles Stroh zu glänzendem Gold gesponnen.

Der König freute sich über die Maßen bei dem Anblick, war aber noch immer nicht Goldes satt, sondern ließ die Müllerstochter in eine noch größere Kammer voll Stroh bringen und sprach: „Die mußt du noch in dieser Nacht verspinnen. Gelingt dir's aber, so sollst du meine Gemahlin werden."

„Wenn's auch eine Müllerstochter ist", dachte er, „eine reichere Frau finde ich in der ganzen Welt nicht."

Als das Mädchen allein war, kam das Männlein zum drittenmal wieder und sprach: „Was gibst du mir, wenn ich dir diesmal wieder das Stroh spinne?"

„Ich habe nichts mehr, das ich geben könnte", antwortete das Mädchen.

„So versprich mir, wenn du Königin wirst, dein erstes Kind!"

„Wer weiß, wie das noch geht!" dachte die Müllerstochter und wußte sich auch in der Not nicht anders zu helfen; sie versprach also dem Männchen, was es verlangte, und das Männchen spann dafür noch einmal das Stroh zu Gold.

Und als am Morgen der König kam und alles fand, wie er gewünscht hatte, so hielt er Hochzeit mit ihr, und die schöne Müllerstochter ward eine Königin.

Über ein Jahr brachte sie ein schönes Kind zur Welt und dachte gar nicht mehr an das Männchen.

Da trat es plötzlich in ihre Kammer und sprach: „Nun gib mir, was du versprochen hast!"

Die Königin erschrak und bot dem Männchen alle Reichtümer des Königreichs an, wenn es ihr das Kind lassen wollte.

Aber das Männlein sprach: „Nein, etwas Lebendes ist mir lieber als alle Schätze der Welt."

Da fing die Königin so an zu jammern und zu weinen, daß das Männchen Mitleid mit ihr hatte: „Drei Tage will ich dir Zeit lassen", sprach es, „wenn du bis dahin meinen Namen weißt, so sollst du dein Kind behalten."

Nun besann sich die Königin die ganze Nacht über auf alle Namen, die sie jemals gehört hatte, und schickte einen Boten über Land, der sollte sich erkundigen weit und breit, was es sonst noch für Namen gäbe.

Als am anderen Tag das Männchen kam, fing sie an mit Kaspar, Melchior, Balzer und sagte alle Namen, die sie wußte, nach der Reihe her, aber bei jedem sprach das Männlein: „So heiß' ich nicht."

Den zweiten Tag ließ sie in der Nachbarschaft herumfragen, wie die Leute da genannt würden, und sagte dem Männlein die ungewöhnlichsten und seltsamsten Namen vor: „Heißt du vielleicht Rippenbiest oder Hammelschwanz oder Schnürbein?"

Aber es antwortete immer: „So heiß' ich nicht!"

Den dritten Tag kam der Bote wieder zurück und erzählte: „Neue Namen habe ich keine finden können, aber wie ich um eine Waldecke kam, wo Fuchs und Has' sich gute Nacht sagen, sah ich ein kleines Haus, und vor dem Haus brannte ein Feuer, und um das Feuer sprang ein lächerlich kleines Männchen, hüpfte auf einem Bein und schrie: ‚Heute back ich, morgen brau ich, übermorgen hol ich der Königin ihr Kind! Ach, wie gut, daß niemand weiß, daß ich Rumpelstilzchen heiß'!"

Da könnt ihr euch denken, wie die Königin froh war, als sie den Namen hörte, und als bald hernach das Männlein hereintrat und sagte: „Nun, Frau Königin, wie heiß' ich?", fragte sie erst: „Heißt du Kunz?"

„Nein."

„Heißt du Heinz?"

„Nein."

„Heißt du etwa Rumpelstilzchen?"

„Das hat dir der Teufel gesagt, das hat dir der Teufel gesagt!" schrie das Männlein und stieß mit dem rechten Fuß vor Zorn so tief in die Erde, daß es bis an den Leib hineinfuhr.

Dann packte es in seiner Wut den linken Fuß mit beiden Händen und riß sich selbst mitten entzwei.

Brüder Grimm

Wie Prosatexte dramatisiert werden können

31

Ein besonderer Programmpunkt eines bunten Abends ist das Theaterspielen.
Dafür eignen sich vor allem **Sketches**. Mit diesem englischen Wort, das auf deutsch „Skizze" bedeutet, bezeichnet man lustige dramatische Szenen. Sie bringen den Leser bzw. Zuseher meist dadurch zum Lachen, daß eine der zwei oder drei Personen, die dabei mitspielen, einfältig fragt, unerwartete Antworten gibt oder die Worte des Gesprächspartners nicht so versteht, wie sie gemeint sind. Solche Sketches werden für gewöhnlich auf Kleinbühnen (Kabaretts) von Komikern aufgeführt.
Ein Beispiel von Hugo Wiener:

Im Café

(Beim Aufgehen des Vorhangs sitzt Herr Leubusch bereits an einem Tisch. Vor ihm steht eine Tasse Kaffee, daneben liegt eine Semmel, in einem Körbchen ein Kipferl.)

Leubusch (ungeduldig auf den Tisch klopfend, ruft laut): Josef! Josef!

Josef (Ober, kommt): Sie wünschen, Herr Leubusch?

Leubusch: Was haben Sie mir da serviert? Der Kaffee ist schwach — die Semmel ist alt —

Josef (ihn unterbrechend, frech): Na und? Sie werden auch einmal alt und schwach werden.

Leubusch (schreit ihn an): Der Kaffee ist nicht zu trinken! Holen Sie mir den Chef!

Josef: Das hat keinen Zweck, Herr Leubusch, der trinkt ihn auch nicht.

Leubusch: Eine Frechheit! Ich werde nie mehr in dieses Tschecherl[1] kommen. Das verspreche ich Ihnen!

Josef (ungerührt): Danke!

Leubusch (empört): Sie! Was sind das für Antworten?

Josef: Na, glauben Sie, der Chef wird sich's Ihretwegen mit der Köchin verderben? Gäste kriegen wir genug — aber Köchinnen nicht. Jetzt haben wir seit zwei Tagen die dritte — und die kocht mit dem Hut auf dem Kopf, weil sie noch nicht weiß, ob sie dableibt. Wir leben in einer Demokratie, Herr Leubusch, da darf sich der Unternehmer nicht alles erlauben und stark sein.

Leubusch: Der Unternehmer nicht, aber der Kaffee! Schauen Sie sich das G'schlader[2] an! Das soll ein Espresso sein? Das ist ein zum Kaffee gequältes

1 kleines Kaffeehaus
2 in Österreich abwertender mundartlicher Ausdruck für ein minderwertiges Getränk

Abwaschwasser. Der Kaffee ist doch so schwach, daß ich nicht weiß, wo er die Kraft hergenommen hat, aus der Kanne zu rinnen! Und die Semmel? (Drückt sie, um zu zeigen, wie zäh sie ist.)

Josef: Ich hab' Ihnen eh ein Kipferl gebracht . . .

Leubusch: Das ist steinhart!

Josef: Das weiß ich. Das haben nämlich zwei Gäste vor Ihnen auch schon gesagt . . .

Einen Sketch kannst du auch selber verfassen, indem du einen humorvollen Prosatext ***dramatisierst****, das heißt, zu einem Theaterstück umschreibst.*
Versuche es mit der folgenden lustigen Geschichte:

Mein Neffe Ladi

Meine Frau rief aus dem Vorzimmer: „Ladi ist da!"
Ladi ist nicht nur mein siebenjähriger Neffe, sondern auch die Abkürzung von Ladislaus. So hießen einige ungarische Könige, die mit unserer Familie aber weder verwandt noch verschwägert waren. Und Ladi hieß auch nicht Ladi, sondern eigentlich Heinz. Da aber Ladi das erste Wort war, das seine damals noch unschuldig-kindlichen Lippen formten, nannte ihn seine Mutter von diesem Tag an Ladi. So rufen ihn seither alle.
Jetzt stand er im Zimmer. Ich wußte, weshalb er gekommen war. Er hatte in der Schule in Grammatik eine Fünf bekommen, und das ist bei uns in Österreich die schlechteste Note, über die wir verfügen.
„Also?" fragte ich und legte mein Gesicht in strenge Falten. „Was gibt es?"
Ladi gestand treuherzig: „Ich habe in Grammatik einen Fünfer bekommen, und Papa schickt mich zu dir, damit du mir die Konjugation beibringst."
Halb war ich stolz, daß mein Schwager mir solches zutraute, halb hätte ich ihm am liebsten eine Ohrfeige gegeben.
„Das mußt du mir genauer erklären", meinte ich.
„Ich konnte das Wort ‚Fahrrad' nicht konjugieren."
„Das Wort ‚Fahrrad' könnte ich auch nicht konjugieren", gab ich zu, „weil ‚Fahrrad' ein Hauptwort ist, das man dekliniert. Nur Zeitwörter wandelt man ab, konjugiert sie also."
„Das hat unser Lehrer auch gesagt, aber ich habe gesagt, ich kann auch Hauptwörter konjugieren, und da ist er bös geworden."

Jetzt wußte ich es. Ladi war wieder einmal frech geworden.
„Was liegt hier auf dem Schreibtisch?" fragte ich und zwang mich zur Ruhe.
„Pfeifentabak", sagte Ladi.
„Richtig. Pfeifentabak ist ein Hauptwort — wir deklinieren also: der Pfeifentabak, des Pfeifentabaks, dem Pfeifentabak, den Pfeifentabak. Hast du verstanden?"
„Ja", sagte Ladi, „aber ich kann Pfeifentabak auch konjugieren: Ich pfeife Tabak, du pfeifst Tabak, er pfeift Tabak."
„Sei still!" unterbrach ich ihn streng. „Das ist ein Unsinn! Ich werde dir jetzt eine Geschichte erzählen, wie **ich** als Kind das Konjugieren erlernte. Ich war im Sommer mit meinen Eltern in Laufen bei Ischl."
„Ich laufe bei Ischl, du läufst bei Ischl, er läuft bei Ischl", konjugierte Ladi vergnügt.
„Ruhe!" sagte ich bereits ziemlich gereizt und fuhr fort: „Wir lernten dort einen Herrn aus Wien kennen. Er wohnte hier auf dem Platz vor dem Finanzamt."
„Ich platz[1] vorm Finanzamt, du platzt vorm Finanzamt, er platzt vorm Finanzamt", warf Ladi sofort ein.
„Genug!" rief ich.

Fast hätte ich auf den Tisch geschlagen, als mir zum Glück noch rechtzeitig die verdammte Feinfühligkeit des kindlichen Nervensystems einfiel.
„Der Herr war immer sehr gut gekleidet, und besonderen Eindruck machten auf mich seine mausgrauen Hausschuhe."
„Ich maus graue Schuhe, du maust . . ."

Jetzt schlug ich auf den Tisch, und auch meine Stimme klang lauter, als ich fortsetzte: „Er hatte eine berühmte Antiquitätensammlung, und als wir wieder in Wien waren, lud er meine Eltern und mich zum Mittagessen ein, um uns diese Sammlung zu zeigen. Zuerst gab es Braten mit Wirsingkohl."
„Wir singen Kohl, ihr singt Kohl, sie singen Kohl."
Ich beschloß, ihn nicht zu beachten.
„Dann Grießpudding."
„Ich grüß Pudding, du grüßt Pudding, er grüßt Pudding."
„Und dann zeigte er uns seine Sammlung", erzählte ich weiter, während ich die Zähne zusammenbiß und meine Fingernägel in die Handflächen bohrte. „Der Mann besaß zwei der ältesten Stehlampen."

[1] in Österreich mundartlicher Ausdruck für „weinen"

Eine solche Szene könnte **„aus dem Stegreif"**, also ohne schriftliche Vorlage mit eigenen Worten, gespielt werden, sie kann aber auch in einem **Rollenbuch** schriftlich festgehalten und aufgezeichnet werden. Dabei wird am linken Rand jeweils angekündigt, wer im folgenden spricht. Zwischen Klammern werden Anweisungen für das Verhalten der Spieler gegeben und Anmerkungen über die Örtlichkeiten notiert (siehe oben).

„Ich stehl Lampen, du stiehlst Lampen, er stiehlt Lampen."
„Ich stehle keine Lampen!" schrie ich und sprang auf.
„Ich konjugiere ja nur!" verteidigte sich Ladi.
Ich fühlte, wie der Herzinfarkt nach mir griff.
„Willst du mir zuhören? Ja oder nein?"
„Ja."
Langsam beruhigte ich mich.
„Endlich zeigte er uns das Glanzstück seiner Sammlung, eine Spieldose."
„Ich spiel Dose, du spielst Dose, er spielt Dose."
„Schweig!" brüllte ich so laut, daß meine Frau aus dem Nebenzimmer kam. Ich faßte Ladi an beiden Schultern, schüttelte ihn und schrie: „Es war ein japanisches Kunstwerk aus Nagasaki!"
„Ich nag a Sacki, du nagst a Sacki, er nagt a Sacki."
„Schau, wie er es schon kann!" rief meine Frau freudig überrascht.
Ich tobte: „Nichts kann er! Er soll gehen! Hinaus! Ich enterbe ihn!"
Ladi verflüchtigte sich. Meine Frau sah mich vorwurfsvoll an.
„Mußtest du so schreien?" fragte sie. „Weißt du nicht, wie zart die Nerven eines Kindes sind?"
Seit einigen Tagen trage ich einen Kopfverband. Seien Sie niemals unfreundlich zu einem Kind! Erstens hat es zarte Nerven, und zweitens könnte es Ihnen einen Stein nachschleudern.

Hugo Wiener

32

Dramatisiere auch den folgenden humoristischen Text!
Es ist eine **Anekdote**.

Rauchen verboten

Vor langer Zeit fuhr ein Bauer mit seiner Frau von Lambach nach Wels.
Gern hätte er eine Zigarre geraucht, doch seine Frau fauchte ihn an: „Xaver, das ist ein Nichtraucherabteil! Hier ist das Rauchen verboten! Und außerdem schadet es deiner Gesundheit!"
Brummend fügte sich der Mann ihren Worten und steckte die Zigarre wieder ein.
Nach einiger Zeit kam der Schaffner, um die Fahrkarten zu kontrollieren.
„Sie, Herr Schaffner", fragte der Bauer, „darf man in dem Abteil rauchen?"
„Nein", meinte der Schaffner streng, „Sie sitzen hier in einem Nichtraucherabteil, und da ist das Rauchen verboten."
Dabei zeigte er auf das weiße Schild „Nichtraucher".
„Sie haben schon recht", antwortete der Bauer ganz verzagt, „aber eine Frage habe ich noch."
„Ja, was wollen Sie denn noch?" fragte der Schaffner unwillig.
„Wo kommen denn die vielen Zigarettenstummel her?" meinte der Bauer und zeigte auf den überfüllten Aschenbecher unter dem Fenster.
„Ja, von denen, die nicht erst gefragt haben!"

Wie persönliche Eindrücke und Gefühle geschildert werden können

33 → L

Die besten Texte, welche die Schüler verfassen, werden in der 4 c für eine **Wandzeitung** verwendet, die monatlich neu gestaltet wird. In den Pausen drängen sich die Schülerinnen und Schüler davor, um „ihren" Text zu suchen, aber auch, um die „Konkurrenzwerke" kritisch zu lesen.
Diesmal enthält die Wandzeitung u. a. auch unterhaltende Texte, in denen persönliche Eindrücke **geschildert** und die Gefühle des Verfassers zum Ausdruck gebracht werden sollten:

a) Ein Abend im Freien

An einem schönen Sommertag fuhren meine Eltern mit mir ins Burgenland. Wir beabsichtigten, an einem Tagesritt teilzunehmen. Zuerst überkam mich ein bißchen Angst, denn ich war schon lange Zeit nicht mehr auf dem Rücken eines Pferdes gesessen. Doch bald hatte ich die Angst überwunden, und es wurde ein wunderschönes Erlebnis.
Die Landschaft ist in diesem Teil des Burgenlandes ganz eben: Äcker, Wiesen, Weiden.
Da ich nicht so geübt im Reiten war wie die anderen Teilnehmer, ermüdete ich rascher. Ich wollte daher früher umkehren. Meine Eltern stimmten zu, und so ritt ich allein ins Dorf zurück, von dem nur ein kleiner Kirchturm zu sehen war. Das wurde mir bald aber doch ein bißchen unheimlich. Nun war ich mit Sevilla, meiner Stute, ganz allein in der glutüberströmten Weite. Die Sonne brannte heiß auf den kurzen Klee, der sich wie ein Teppich bis zum Himmelsrand ausbreitete, und nur die gelben Blüten des Löwenzahns milderten diese Eintönigkeit. Die Hufe meines Rosses pochten dumpf auf die heiße Erde, und ich fürchtete, das Pferd würde jeden Augenblick losgaloppieren und mich abwerfen.
Schon sank die Sonne tiefer, alles übergoß sie mit glutrotem Schein. Die Kuppe und die Mähne meines Pferdes glänzten seidig. Unsere Schatten bewegten sich schwarz neben uns her. Nun war die Sonne am Horizont verschwunden, im Westen zogen sich dunkle Schleier über den Himmelsrand. Schließlich floß alles schwarz ineinander. Auch der Kirchturm war längst nicht mehr zu sehen. Plötzlich leuchtete ein heller Schein über die Ebene: eine Wolke hatte den Mond freigegeben.
Ich klammerte mich an mein Pferd und begann leise mit ihm zu sprechen, denn ich kam mir sehr verlassen vor. Sevilla schnaubte als Antwort leise, als wollte sie mir Mut zusprechen.
Langsam wurden am Himmel auch helle Punkte sichtbar: das Dorf. Immer mehr davon schienen aufzuglühen. Die Hitze des Tages war vorüber, es war kühl geworden.
Endlich näherten wir uns den ersten Häusern. Müde trottete mein Pferd durch die Gassen zum Reitstall.

Angelika (15)

b) Schularbeit

Heute ist es bei uns in der Klasse sehr unruhig. Einige Mädchen wiederholen die Beistrichregeln, andere versuchen zu erraten, welche Themen wir bekommen könnten. Alle Gedanken kreisen um die Deutschschularbeit.
Ich versuche vorzutäuschen, nicht aufgeregt zu sein, aber es will mir nicht gelingen. Mit meiner Freundin gehe ich scheinbar ruhig auf dem Gang auf und ab. So unsinnig es zu sein scheint, auch ich muß mir eingestehen, daß ich Angst vor der Schularbeit habe.
Da ruft das Mädchen an der Tür: „Er kommt!"
Wie gut wir diese Worte kennen! Die meisten laufen sofort zu ihren Plätzen und warten mit wachsender

Unruhe auf den Deutschlehrer. Alle sind etwas blaß. Einige machen ein Gesicht, als hätten sie in eine Zitrone gebissen. Aber das hilft alles nichts. Schon steht der Lehrer an der Tafel und schreibt das Thema an. Die Schularbeitshefte werden ausgeteilt. Mit unglücklichen Gesichtern starren wir auf die leeren Seiten und warten auf Einfälle zum Thema. Doch bald schreiben alle eifrig, auch ich.

Jetzt kommt mir die Schularbeit nicht mehr so schrecklich vor. Manchmal raschelt ein Blatt, aber sonst ist es still. Jeder ist mit seinen eigenen Gedanken beschäftigt.

Viel zu schnell geht die Stunde zu Ende. Viele von uns schreiben noch.

„Ihr dürft noch fünf Minuten arbeiten", bestimmt der Lehrer.

Als dann die Hefte eingesammelt werden, atmen alle auf. Und trotz unserer Angeberei, daß die Schularbeit „furchtbar leicht" gewesen sei, sind wir doch froh, sie hinter uns zu haben.

Brigitte (13)

c)

Salzburg, am ...

Liebe Gerti,

seit zwei Wochen haben wir in unserer Klasse eine Neue. Du bist bestimmt neugierig auf sie. Da ich inzwischen mit ihr näher bekannt geworden bin, will ich versuchen, sie Dir zu schildern.

Sie heißt Inge. Für ihr Alter ist sie recht klein und nicht gerade hübsch. Das einzige, was mir an ihrem Aussehen gefällt, sind ihre dunklen Augen mit den langen schwarzen Wimpern. Inge wirkt bei der ersten Begegnung etwas schüchtern, aber wenn man sie näher kennenlernt, merkt man, daß dies keineswegs der Fall ist. Im Gegenteil, oft ist sie so übermütig, daß sie allerhand Unsinn treibt und die Klasse auf den Kopf stellt. Auch den Lehrern macht Inge nicht gerade Freude. Englisch ist ihr verhaßt. Sie lernt keine Vokabeln und arbeitet auch während des Unterrichtes nicht mit. Das zeigt sich dann in den Noten. Dabei ist sie nicht dumm. Wenn sie wollte, könnte sie eine sehr erfolgreiche Schülerin sein. Besonders gute Leistungen erbringt sie in Mathematik. Ich bin oft überrascht, wie schnell sie die schwierigsten mathematischen Probleme lösen kann. Gegenüber ihren Mitschülern zeigt sie sich sehr hilfsbereit. Ob ich sie zur Freundin haben möchte? Ich glaube nicht, denn wenn sie schlecht gelaunt ist, ist sie einfach unausstehlich. Am nächsten Tag tut es ihr dann leid, daß sie so unfreundlich war, und sie entschuldigt sich dafür.

Ich hoffe, daß Du Dir nun ein Bild von Inge machen kannst. Wenn Du aus dem Spital kommst, wirst Du sie ja dann selbst kennenlernen.
Bis dahin alles Gute und liebe Grüße Deine

Beate

Wodurch unterscheiden sich die Texte von Erzählungen und Berichten? Welche Zeitform wird verwendet?

- Diese Texte sind **Schilderungen**. Schildern bedeutete ursprünglich „malen".
- In einer Schilderung werden persönliche Eindrücke anschaulich **ausgemalt**. Der Leser soll die Gedanken und Gefühle, die der Verfasser zu einem bestimmten Zeitpunkt gehabt hat, nacherleben können.
- Nicht der Geschehensablauf steht im Mittelpunkt, sondern die augenblickliche **Stimmung**.
- **Erlebnisse** können ebenso geschildert werden wie **Landschaften, Menschen, Gegenstände**.
- Schilderungen sind als selbständige, für sich bestehende Darstellungen selten anzutreffen. In der Regel sind sie **eingebunden in Erzählzusammenhänge** und bereiten dann auf den Höhepunkt der erzählten Handlung vor. Auch in **persönlichen Briefen** und im **Tagebuch** kannst du deine Gefühle schildern.

34 → *L*

***Dichter** vermögen ihre persönlichen Eindrücke meisterhaft zu **schildern**.*
Untersuche, durch welche sprachlichen Mittel in den nachstehenden Textproben die Stimmung zum Ausdruck gebracht wird!

a) Tauwetter

Leise klirrte das Fenster, die trostlose Stille zerbrach. Ein zweiter Stoß — und nun war auch der wabernde[1] Laut zu hören, der diesem Winde zu eigen ist; in immer stärkeren Schwüngen fuhr er über den Garten her, schlug gegen das Haus; wie ein Geigenstrich hatte er begonnen, und nun bebte die Luft gleich einer Saite, von Gebirge zu Gebirge gespannt, sie schwang und sang und erfüllte das Tal mit Brausen: Föhn war eingebrochen.

1 „flackernde"

Nach einer Stunde schon war der Himmel schwarz, und die Sterne zitterten im Sturm. Die Fensterläden klapperten, die Lampe flackerte, wenn jemand ins Zimmer trat; die Großmutter mahnte, mit dem Feuer sorgsam umzugehen. Von Stunde zu Stunde wuchs die Gewalt des Windes; er durchrüttelte das kleine Haus, schrie und tobte, riß den verschlafensten Nerv aus der Ruhe und war bald Herr den ganzen Leib hinab.

Am Morgen stand ein blanker, sehr heller Himmel über dem Tal; nur im Süden schlug brandendes Gewölk über die Serles[2] herein in dicken, weißgrauen Wülsten. Von den Graten flogen die Schneefahnen hoch, noch stand die Sonne hinter dem Gebirge, und so brauste der Wind wie zerstäubtes Silber in den Himmel, dessen Blau sich vertiefte, je mehr es Tag wurde.

Noch war der Wind eiskalt, aber unversehens kam um eine Straßenecke ein lauer Strich auf einen zu, man fuhr zusammen unter der atmenden Berührung, mittags sprangen die Traufen, von den Dächern tropfte es, ein Glitzern und Funkeln war in der Luft, als lache die Stadt aus allen Fenstern, aus jeder Pfütze, jedem nassen Pflasterstein.

Trunken ging ich meinen Schulweg. Die Häuser standen so scharf in der Sonne, daß hundert nie gesehene Ein-

2 Berg bei Innsbruck

zelheiten ins Auge sprangen; jede Straße wurde neu, alles spiegelte sich in diesem Wind, dessen gläserner Glanz die Farben steigerte, die Schatten vertiefte, die Umrisse vor Schärfe flimmern machte. Auf den Bergen lag der Schnee in schimmernden Panzern, am hellichten Mittag waren die Wälder schwarz. Erregender aber als Glanz und Farbe war das Ungestüm, mit dem der Sturm gegen das Gesicht prellte, nun schon lau, fast warm, eine dichte, schwellende Flut, donnernd und unerschöpflich aus sich selber quellend, dann wieder knatternd gleich unzähligen Flaggen, die das Blau mit silbernem Glanz durchflirrten. In jeder Pfütze, darin sich das Himmelsblau spiegelte, in jedem Fensterflügel, den der Wind bewegte und in der Sonne aufblitzen ließ, kündigten sich Verwandlungen an, hinter denen in Zartheit Neues bereitstand.

Josef Leitgeb

b) In der Hamburger Werft, 6 Uhr früh

Nebel steigt vom Wasser hoch und hängt dick in den Straßen. Der Tag läßt noch lange auf sich warten.
Zuerst tropft da und dort ein Mensch auf die Straße, zehn Minuten später schon fließen Menschenscharen die Straßen hinunter. Ein grauer Strom, der an den Landungsbrücken von einer riesigen Senke geschluckt wird.
Im 50 Meter tiefen Schacht des Elbtunnels schaffen „Förderkörbe“ die Fracht nach unten. Zusammengepfercht, Kopf an Kopf; wer drinsteckt, empfindet die körperliche Nähe als Wärme. Neben den Förderkörben laufen zur Entlastung „Förderbänder“ — Fahrtreppen mit dreifacher Geschwindigkeit. Wie eine Wand schiebt sich der Inhalt der Förderkörbe durch den etwa 800 Meter langen Tunnel. Etwa 4000 Werftarbeiter werden hier täglich durchgeschleust.

Falltüren gehen viel zu langsam hoch, die ersten ziehen die Köpfe ein, die hinteren drängeln schon, die Stempeluhren drücken auch bei der geringsten Verspätung kein Auge zu, sie stempeln die Zeit automatisch.
Gedränge in den Umkleidesälen. Spinde[1], kaum schulterbreit. Warten, bis der Spindnachbar soweit ist. Gereiztheit, kleinliche Reibereien.

Günter Wallraff

[1] schmale Kasten

c) Der Schriftsteller

Spinell hieß der Schriftsteller, der seit mehreren Wochen in Einfried lebte, Detlev Spinell war sein Name, und sein Äußeres war wunderlich.
Man vergegenwärtige sich einen Brünetten am Anfang der Dreißigerjahre und von stattlicher Gestalt, dessen Haar an den Schläfen schon merklich zu ergrauen beginnt, dessen rundes, weißes, ein wenig gedunsenes Gesicht aber nicht die Spur irgendeines Bartwuchses zeigt. Er war nicht rasiert — man hätte es gesehen; weich, verwischt und knabenhaft, war es nur hier und da mit einzelnen Flaumhärchen besetzt. Und das sah ganz merkwürdig aus. Der Blick seiner rehbraunen, blanken Augen war von sanftem Ausdruck, die Nase gedrungen und ein wenig fleischig. Ferner besaß Herr Spinell eine gewölbte, poröse Oberlippe römischen Charakters, große, kariöse[1] Zähne und Füße von seltenem Umfang. Einer der Herren mit den unbeherrschten Beinen, der ein Zyniker[2] und Witzbold war, hatte ihn hinter seinem Rücken „der verweste Säugling" getauft; aber das war hämisch und wenig zutreffend. Er ging gut und modisch gekleidet in langem, schwarzem Rock und farbig punktierter Weste.
Er war ungesellig und hielt mit keiner Seele Gemeinschaft. Nur zuweilen konnte eine leutselige, liebevolle und überquellende Stimmung ihn befallen, und das geschah jedesmal, wenn Herr Spinell in ästhetischen[3] Zustand verfiel, wenn der Anblick von irgend etwas Schönem, der Zusammenklang zweier Farben, eine Vase von edler Form, das vom Sonnenuntergang bestrahlte Gebirge, ihn zu lauter Bewunderung hinriß. „Wie schön!" sagte er dann, indem er den Kopf auf die Seite legte, die Schultern emporzog, die Hände spreizte und Nase und Lippen krauste. „Gott, sehen Sie, wie schön!"
Und er war imstande, blindlings die distinguiertesten[4] Herrschaften, ob Mann oder Weib, zu umhalsen in der Bewunderung solcher Augenblicke . . .

Thomas Mann

[1] Karies = Zahnfäule
[2] Anhänger einer altgriechischen Philosophenschule, die auf äußeren Anstand keinen Wert legte; schamloser, frecher Mensch
[3] Ästhet = Freund des Schönen

Schilderungen beruhen auf genauer Beobachtung. Dabei soll möglichst der **Gesamteindruck** wiedergegeben werden.
Wichtig ist, das Beobachtete durch **treffende Zeitwörter** (Verben) und **kennzeichnende Eigenschaftswörter** (Adjektive) wiederzugeben. Auch **bildhafte Vergleiche** helfen, den persönlichen Eindruck zu veranschaulichen.
Bei der Schilderung wird für gewöhnlich die **Zeitform der Gegenwart** (das Präsens) gewählt. Erlebnisse können aber auch in der Mitvergangenheit (im Präteritum) geschildert werden.

35

*Unterstreiche in den Dichtertexten die **treffenden Zeitwörter** und die den Hauptwörtern beigefügten **kennzeichnenden Eigenschaftswörter**!*

36 → L

*Ergänze in den Sätzen die nachstehend angeführten **Adjektive für „groß" und „klein"**!*

ansehnlich, ausgedehnt, bedeutend, beträchtlich, erheblich, geräumig, gewaltig, mächtig, riesig, stattlich, umfangreich, weit, unermeßlich;
eng, gering, karg, knapp, kurz, unansehnlich, unbedeutend, unscheinbar, winzig, zierlich, schmal

[4] ausgezeichnet, vornehm

Es handelt sich um eine ________________ Summe. Dieser Ölscheich besitzt ________________ Reichtümer. Vor uns lag eine ________________ Ebene. Daraus erwachsen uns ________________ Nachteile. Jumbo war ein ________________ Elefant. Wir rasteten inmitten ________________ Felsen. Am Waldrand erhob sich eine ________________ Eiche. Er besitzt ________________ Ländereien. Der Verstorbene war ein ________________ Gelehrter. Die Angreifer erlitten ________________ Verluste. Glücklicherweise haben wir eine ________________ Wohnung. Der Professor war ein ________________ Herr. Es handelt sich um ________________ Bestellungen. Marlis ist ein ________________ Mädchen. Dieser Ring ist von ________________ Wert. Es gab nur einen ________________ Sachschaden. Er war mit seiner Arbeit in ________________ Zeit fertig. Die Mansarde war ein ________________ Zimmerchen. Früher arbeiteten die Leute um ________________ Lohn. Der Rock ist ihr sehr ________________ geworden. Sie bewohnten ein ________________ Häuschen. Es hatte ________________ Fenster. Er hat ein ________________ Bändchen Gedichte veröffentlicht. Sein Onkel war ein ________________ Männchen.

37 → L

Streiche das Wort, das nicht in die Reihe paßt!

spielend, leicht, mühelos, langsam
anmutig, reizend, passend, lieblich, anziehend
anspruchslos, dumm, genügsam, einfach, bescheiden
geizig, knauserig, knickerig, knusprig, kleinlich
hell, heiter, echt, klar
schnell, rasch, geschwind, hurtig, keck
höflich, galant, ritterlich, mutig, anständig
immer, fortgesetzt, manchmal, dauernd, beständig, anhaltend
auf einmal, plötzlich, jäh, mehrmals, unerwartet
schlicht, einfach, hilflos, bescheiden, anspruchslos
ungeschickt, linkisch, umständlich, unfolgsam, unbeholfen

*38

Themen für Schilderungen zur Auswahl:

Nebel
Ein trüber Regentag
Tauwetter
Auf dem Bahnsteig vor der Abfahrt eines Zuges
Am Fluß
Meine engere Heimat
In der langen Pause

Warten (beim Zahnarzt, vor einer Prüfung, im Spital)
Auf dem Fußballplatz
In der U-Bahn-Station
Allein zu Hause
Sonnenaufgang im Gebirge
Mein Lieblingsplatz

Meine Mutter (Mein Vater)
Mein Vorbild
Ein Mensch, vor dem ich Achtung habe
Meine beste Freundin (Mein bester Freund)
Eine seltsame Begegnung

Mit Texten den Leser informieren

Wie erlebnishaft oder sachlich berichtet werden kann

39 → *L*

a) Während des Turnunterrichtes der 3 a hat sich in der Hauptschule St. Michael[1], die Werner besucht, ein Unfall ereignet.
Werner, der mit einem gleichaltrigen Buben in München im Briefwechsel steht, benützt dieses nicht alltägliche Ereignis, um seinem Freund darüber etwas mitzuteilen:

St. Michael, am . . .

Lieber Max!

In Deinem letzten Brief wirfst Du mir vor, daß ich so selten schreibe. Aber was sollte ich auch schreiben? Es ist ja täglich dasselbe: Vormittags bin ich in der Schule, nachmittags schreibe ich dann meine Hausübungen, und wenn ich damit fertig bin, bleiben mir, wenn es gut geht, noch zwei bis drei Stunden Zeit zum Spielen. Da suche ich dann meist meinen Freund Karl auf (er wohnt in meiner Nähe), und wir gehen anschließend gemeinsam zum Sportplatz. Dort spielen wir mit den anderen Buben, die meistens schon auf uns warten, Fußball. Spätestens um 18 Uhr muß ich dann wieder zu Hause sein, weil da mein Vater von der Arbeit kommt und mich abprüft. Wenn ich alles kann, darf ich noch eine Stunde fernsehen oder lesen, dann zu Abend essen — und auf ins Bett!

Aber heute gab es in der Schule wegen eines Unfalles große Aufregung. Diese Gelegenheit will ich benützen, um Dir davon zu berichten.

Die Schüler unserer Klasse waren im spiegelblanken Turnsaal unserer Schule vor den Matratzen angetreten und sollten die Rolle üben. Das ist keine besonders schwierige Turnübung. Zuerst ging auch alles gut. Wenn einer zur Seite abrollte, mußten wir lachen. Dann war Hans an der Reihe, der erst seit kurzer Zeit in unserer Klasse ist. Er nahm Anlauf und machte eine schöne Rolle. Aber dann rutschte er beim Aufspringen aus und flog vornüber mit dem Gesicht aufs Parkett, daß es nur so krachte. Mir stockte der Atem. Hans schrie auf. Die beiden Buben, die als Helfer eingeteilt waren, sprangen sofort hinzu und hoben ihn behutsam auf. Es war alles so schnell gegangen, daß ich nicht wußte, woran ich war. Hans stöhnte. Er war ganz weiß im Gesicht, aus seiner Nase floß Blut. Schnell holte unser Turnlehrer ein Verbandspäckchen aus der Wandapotheke und stillte das Blut. Doch Hans klagte über starke Schmerzen in der Nase. Der Lehrer hatte inzwischen über die Schuldirektion den Notarzt rufen lassen, der bald danach mit zwei Sanitätern kam. Der stellte einen Nasenbeinbruch fest und ordnete die Überführung ins Krankenhaus an.
Die ganze Sache ist mir ordentlich in die Glieder gefahren. Ich hätte mir nicht gedacht, daß man sich bei einer so einfachen Übung so verletzen kann. Hans tat allen leid. Wir werden ihn sicher im Spital besuchen, um ihn ein wenig zu trösten.

Ich hoffe, daß bei Dir alles in Ordnung ist, und warte auf Deine Antwort.

Viele liebe Grüße

Dein Werner

[1] Ort in der Steiermark

b) Über denselben Unfall verfaßte der Turnlehrer nach Aufforderung durch den Schulleiter den folgenden Bericht an die Schulbehörde:

Hauptschullehrer Wolfgang Knebel
Hauptschule
8770 St. Michael 88

St. Michael, 17. Mai 19..

Bezirksschulrat

Grazer Straße 32
8700 Leoben

Schülerunfall während der Leibesübungen

Sehr geehrter Herr Bezirksschulinspektor!

Heute, am 17. Mai 19.., turnte in der Zeit von 11.00 bis 11.50 Uhr die Klasse 3 b unter meiner Leitung im Turnsaal. Ich ließ, dem Alter und dem Lehrplan entsprechend, die Rolle vorwärts üben. Für Hilfestellung war ausreichend gesorgt. Die Schüler machten ihre Sache ruhig und glatt. Auch Hans Müller, auf den ich besonders achtete, da er erst drei Wochen zur Klasse gehört, führte die Übung vorschriftsmäßig durch. Beim Aufspringen von der Matte jedoch rutschte er aus, schlug vornüber und traf mit dem Gesicht hörbar auf dem Parkett auf, bevor die Helfer ihn fassen konnten. Die Nase blutete stark. Der Bub klagte über Schmerzen in der Nase, als ich das Blut stillte. Der herbeigerufene Arzt des Roten Kreuzes ordnete nach Anlegen eines Verbandes die Überführung in die Röntgenabteilung des Krankenhauses in Leoben an. Die Eltern des Schülers, die berufstätig sind, wurden durch einen Mitschüler verständigt.
Der Unfall hat sich gegen 11.15 Uhr ereignet. Zeugen sind außer mir die Schüler der Klasse 3 b. Die beiden Schüler, die als Helfer eingeteilt waren (Ludwig Berger und Walter Klein), können wahrscheinlich die genaueste Auskunft geben.

Mit höflichem Gruß

Wolfgang Knebel

Wolfgang Knebel

c) In der Lokalzeitung konnte man am nächsten Tag folgenden Artikel lesen:

Schüler im Turnunterricht verunglückt

Während des Turnunterrichtes kam es gestern in der Hauptschule St. Michael zu einem Unfall. Als der 13jährige Hans M. die Rolle vorwärts übte, sprang er so unglücklich auf, daß er mit dem Gesicht vornüber auf dem Parkett aufschlug. Der herbeigerufene Arzt des Roten Kreuzes stellte einen Nasenbeinbruch fest und vermutete eine Gehirnerschütterung. Hans M. wurde in das Krankenhaus nach Leoben eingeliefert.
Die Frage, wen die Schuld an dem Unfall trifft, konnte unserem Reporter weder der Turnlehrer Wolfgang Knebel noch der Direktor der Hauptschule beantworten. Die Schulbehörde hüllt sich, wie meistens in solchen Fällen, in Schweigen.
Es bleibt nur zu hoffen, daß es sich bei dem Unfall um einen Einzelfall handelt und der kleine Hans M. bald wieder wohlauf ist.

Ein Ereignis, drei verschiedene Texte.

Vergleiche ihren Inhalt und ihre sprachliche Formulierung!
Welchem Zweck dienen die einzelnen Berichte? Welcher ist objektiv, welcher subjektiv? Welcher kritisiert den Vorfall? Wodurch unterscheidet sich der Bericht von der Schilderung und von der Erzählung?

- **Berichte** dienen vor allem der **Information des Lesers**. Sie sollten daher wahrheitsgetreu sein.
- Der Leser soll durch den Bericht erfahren, **was** sich **wo, wann, wie** ereignet hat, **wer** an dem Geschehen beteiligt war, **was** die Ursache des Vorfalls war und **welche** Folgen aufgetreten sind.
- Die sprachliche **Form des Berichtes** hängt von seinem Zweck ab: Erlebnisberichte (wie der obige Brief) müssen anders abgefaßt sein als sachliche Meldungen (Bericht des Lehrers) oder Zeitungsberichte.
- Berichte immer in der **zeitlich richtigen Reihenfolge des Geschehens** über das für den Zweck des Berichtes Wesentliche!

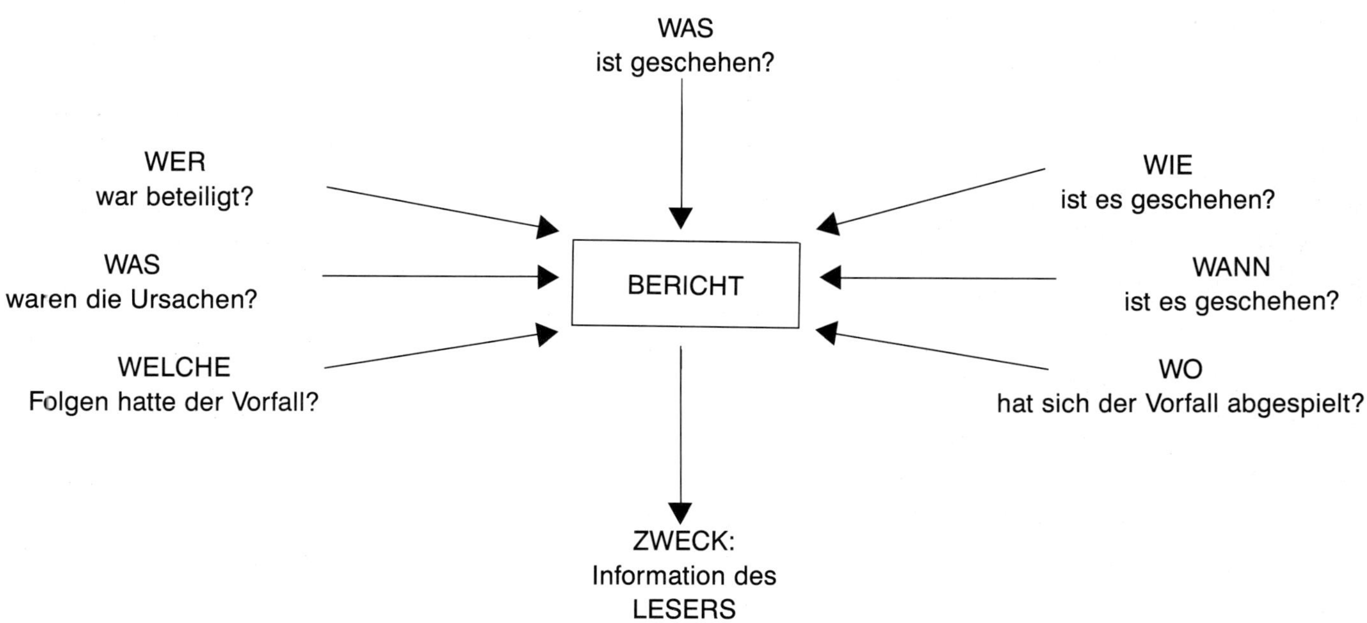

40 → *L*

Forme den folgenden persönlichen Bericht einer Schülerin in einen kurzen, sachlichen Zeitungsbericht für die Schülerzeitung um:

Ein Blick in die Welt der Arbeit

Mein Vater hat eine Tischlerei. Während der Sommerferien war ich bei ihm als „Lehrling" tätig. Ich lernte dabei nicht bloß das Tischlergewerbe kennen, sondern mußte auch andere Tätigkeiten verrichten.
Ich trug eine ganz kurze Knabenfrisur und steckte während der Arbeit in einem blauen Arbeitsanzug, der mir allerdings viel zu groß war.

Zuerst mußte ich große Transportkisten zusammennageln. Bei dieser Arbeit schlug ich mir am Anfang einige Male mit dem Hammer auf die Finger, denn auch der Umgang mit Nagel und Hammer will gelernt sein.
Als nächstes mußte ich ein Regal unter Anleitung eines Gehilfen zu einem schönen Kasten verarbeiten. Ich mußte die Furniere mit einem Spezialkleber an die Regalwände kleben, was nicht so einfach ist, denn die Furnier springt sehr leicht ab. Aber ich lernte dabei auch, wie man solche kleine Schäden wieder überdeckt. Fast an jedem Stück, mag es für einen Laien noch so makellos aussehen, sind ein paar „Pfuscher".
Im Anschluß daran mußte ich das Bodenlegen lernen. Mit einem schwarzen Bitumenkleber und einer gezahnten Spachtel schmierte ich den Boden mit dem Kleber an. Dann kam die heikelste Aufgabe, das Auflegen der quadratischen Plastikplatten. Ich mußte ganz genau Platte an Platte legen, denn sonst wären am Ende häßliche Fugen entstanden. Das Auflegen der Platten begann ich vom Türstock aus, sonst wäre ich ja selber kleben geblieben.
Die vierte und schwerste Aufgabe meiner „Lehrzeit" war das Lackieren unseres Autos. Mein Vater war der Ansicht, in einer Spezialwerkstätte käme das Lackieren zu teuer, und so machte eben ich diese Arbeit. Eine ganze Woche schmirgelte ich unseren Wagen, bis die Grundfarbe wieder sichtbar wurde. Dann mußte das Fahrzeug noch einmal mit grobem und ein zweites Mal mit feinem Wasserschmirgelpapier abgeschliffen werden. Diese drei Arbeitsgänge waren besonders anstrengend. Vom Wasser und dem rauhen Papier bekam ich große wunde Stellen an den Händen. Doch einen Trost hatte ich: Diese Arbeit wurde mir von meinem Vater auch besser bezahlt. Als Krönung meiner mühevollen Schufterei durfte ich schließlich den Wagen selber mit dunkelblauer Farbe spritzen. Noch nie hat mir unser Auto so gut gefallen wie jetzt, da ich es selbst gespritzt habe. Die eigene Arbeit schätzt man ja doch höher.
Trotz aller Anstrengungen war unser Team immer fröhlich und zu Späßen aufgelegt.
Ich habe es nicht bereut, in den Ferien gearbeitet zu haben, denn die körperliche Arbeit ist ein guter Ausgleich zur geistigen. Außerdem habe ich viel für das Leben gelernt.

Christina (14)

HAUPTSCHUL

41

Forme den folgenden (sachlichen) ***Zeitungsbericht*** *zu einem* ***persönlichen Bericht*** *um! Laß dabei den Großvater in einem Brief an eine Verwandte von dem Vorfall berichten (Ichform)!*

Den Großvater gerettet

Josef E. aus Mautern in Niederösterreich war mit seinen Enkelkindern, der zehnjährigen Ingrid und der dreijährigen Karin, allein. Seine Frau, sein Sohn und dessen Frau arbeiteten in den Weingärten.
Gegen 16 Uhr ließ der 62jährige die Kinder in der Wohnung und ging in den Weinkeller.
Als er nach einer Viertelstunde noch nicht zurückgekommen war, lief Ingrid, ihn zu suchen. Sie sah Licht im Weinkeller, rief nach dem Großvater, und als sie keine Antwort bekam, trat sie in den Keller. Da lag der Großvater, nur wenige Schritte vom Stiegenaufgang entfernt, auf dem Boden. Ingrid lief sofort zurück, setzte sich auf ihr Fahrrad und fuhr zu den Nachbarn.
„Der Opa liegt im Keller!“ rief sie, und drei Nachbarn eilten zu helfen.
Der erste Versuch mißlang, der Keller war voll Gärgas. Die Helfer aber wußten, daß sie sich beeilen mußten, wenn sie das Leben des Mannes retten wollten. So preßten sie sich ihre Taschentücher vor den Mund und stiegen eilig wieder in den Keller. Unter Aufbietung aller Kräfte gelang es ihnen auch, den schon Bewußtlosen aus dem Keller zu bergen. Man brachte den Mann sofort in das Krankenhaus nach Krems. Die Ärzte stellten eine schwere Vergiftung durch Gärgas fest.
Josef E. war wohl nur durch die Aufmerksamkeit seines Enkelkindes vor dem Tod bewahrt worden.

42

Eine besondere Form von persönlichen Berichten sind **Reportagen**. Dabei sollen die Leser (Hörer), die bei einem Ereignis, einer Veranstaltung nicht zugegen sein konnten, möglichst lebendig über das Geschehen informiert werden.
Nachstehend ein **Beispiel einer fiktiven (nicht wirklichen) Reportage** eines Schülers über ein Autorennen:

Als Reporter unterwegs

Eben beginnt der Grand Prix[1] von Monaco. Zahlreiche Spitzenfahrer aus der ganzen Welt befinden sich am Start.
Es ist 15 Uhr. Die Flagge hebt sich — Start!
Sofort geht Alain Prost auf Ferrari in Führung. Dahinter ein prächtiges Spitzenfeld. Achtzig Runden sind zu fahren. Gerhard Berger, unser Weltklassefahrer, befindet sich derzeit an sechster Stelle. Ihm wollen wir heute unsere besondere Aufmerksamkeit schenken. Er ist mit einem McLaren-Honda unterwegs. Berger wird versuchen, den gleichen Erfolg zu erzielen wie seinerzeit Niki Lauda.
Elfte Runde: Bergers McLaren-Honda zieht an Nelson Piquet vorbei und versucht Ayrton Senna in der Kurve zu

[1] Großer Preis

überholen. Geschafft — doch nein! Ayrton Senna zieht wieder an. Aber Berger läßt sich nicht abschütteln. Hart bleibt er ihm auf den Fersen. Bei der Zuschauertribüne geht Senna plötzlich an die Boxen: Motorschaden! Unser Berger liegt nun an fünfter Stelle!
Dreißigste Runde: Noch immer hat sich am Gesamtbild nichts geändert. Prost mußte zwar kurz an die Boxen, konnte aber wieder die Spitze übernehmen. Während Berger nun alles daransetzt, den drittplacierten Tierry Boutsen zu überholen, kann sich ein weiterer Landsmann unter die ersten zehn drängen.
Endlich! In der fünfundvierzigsten Runde schafft es Berger und kommt an Boutsen vorbei.
Zwanzig Runden sind noch zu fahren. Berger geht aufs Ganze, kommt am Zweiten, Sandro Nannini, vorbei und liegt Kopf an Kopf mit Prost. Nun beginnt ein Führungsduell. Dauernd wechselt die Spitze. Und plötzlich, in der achtletzten Runde, fängt Bergers Wagen zu stottern an. Doch schon zieht er mit neuer Kraft wieder an und behält die Führung. Jetzt: Sieg für Berger!

Ein Interview mit ihm bringen wir im „Abendjournal“.
Es verabschiedet sich herzlich von Ihnen Ihr Chefreporter.

Christian (14)

Versuche, eine ähnliche Reportage über ein Fußball- oder Handballspiel zu verfassen!

43 → *L*

In vielen Fällen muß **sachlich**, das heißt, ohne persönliche Meinungsäußerung und Anteilnahme, berichtet werden. Das gilt im allgemeinen für Zeitungsberichte ebenso wie für Erfahrungsberichte oder Zeugenberichte. Es wird nur über die für den Zweck des Berichtes wesentlichen Tatsachen geschrieben, nicht jedoch über Nebensächlichkeiten oder persönliche Eindrücke des Verfassers.

Ein Beispiel für einen sachlichen **Zeugenbericht**:

Karl Hauser
Königstetterstraße 18
3430 Tulln

Tulln, 23. April 19..

Versicherungsanstalt Südstern

Hauptplatz 19
3100 St. Pölten

Zeugenbericht

Auf Grund Ihrer Anfrage teile ich Ihnen gerne Einzelheiten über den Vorfall mit, bei dem ich Zeuge war.

Am Dienstag, dem 19. April 19.., ging ich um etwa 7.45 Uhr durch die Wiener Straße. Ich war auf dem Weg zur Schule. Da raste ein Lastkraftwagen mit hoher Geschwindigkeit knapp an mir vorbei. Einen Augenblick später hörte ich Bremsen quietschen und einen lauten Krach. Als ich in die Richtung des Lärms blickte, stellte ich fest, daß der eben an mir vorbeigefahrene Lastkraftwagen mit dem Lieferwagen einer Bäckerei, der von rechts aus der Langen Allee gekommen war und daher Vorrang gehabt hatte, zusammengestoßen war. Der Lastwagen hatte das polizeiliche Kennzeichen W 13546 D. Die Tür des Lieferwagens war aufgegangen, und Brotlaibe und Semmeln kollerten über die Straße. Als ich zur Unfallstelle kam, sah ich, daß beide Wagen beschädigt waren. Der Lieferwagen der Bäckerei hatte den linken Kotflügel und die linke Seitentür eingedrückt, der große Lastwagen zeigte weniger Schäden. Bloß die Stoßstange war etwas verbogen, und der rechte Scheinwerfer war zersplittert. Verletzt wurde bei dem Unfall anscheinend niemand, denn die beiden Fahrer standen neben den Wagen und gaben sich gegenseitig die Schuld an dem Zusammenstoß.

Mit freundlichen Grüßen

Karl Hauser

Karl Hauser

*Welche Einzelheiten sind für den Sachbearbeiter der Versicherung unwesentlich und hätten in dem Zeugenbericht weggelassen werden können? Verfasse einen ähnlichen Bericht über einen Vorfall, bei dem **du** Zeuge warst!*

*44

Konrad wünscht sich zum Geburtstag einen Hund. Seine Eltern sind dagegen. Um sein Anliegen besser begründen zu können, bittet er seinen Freund Erwin, der auf dem Land wohnt und einen Hund hat, ihm über seine Erfahrungen zu berichten.
Nachstehend findest du den **Erfahrungsbericht** Erwins:

Lieber Konrad!

Du willst Dir also einen Hund anschaffen. Das verstehe ich, wenngleich die Hundehaltung in der Stadt viel mehr Probleme mit sich bringt als auf dem Land.
Vor allem mußt Du eines bedenken: Du mußt Dich um Deinen Hund kümmern und täglich mit ihm weite Spaziergänge machen. Außerdem verursacht ein Hund auch Kosten. Zwar kannst Du ihn von einem Tierschutzhaus billig bekommen, doch ein Hund braucht täglich eine Hauptmahlzeit. Die Speisereste der Menschen sind als Hundefutter meist ungeeignet. Auch mußt Du Deinen Hund regelmäßig baden, ihn mit einer milden Seife waschen und gründlich abtrocknen. Selbst wenn Du ihn sehr gerne hast, solltest Du dich nicht ablecken lassen. In Stadtwohnungen sollten nur kleine Rassen gehalten werden, vor allem aber keine Jagdhunde, da Du ihnen nicht die nötige Bewegungsfreiheit bieten kannst. Ein Hund muß gelegentlich zum Tierarzt geführt werden, denn er braucht Schutzimpfungen, die nicht billig sind. Zusätzlich ist jährlich eine Hundesteuer an die Gemeinde zu zahlen. Schließlich mußt Du Deinem Hund auch etwas beibringen, soll er doch Deinen Befehlen gehorchen, auf der Straße an Deiner Seite bleiben, auf Anruf zu Dir kommen, sich niedersetzen und stehenbleiben, wenn Du ihm den Befehl dazu gibst. Kluge Hunde können noch viel mehr lernen. Beachte, daß ein Hund bellt und unter Umständen die Wohnungsnachbarn mit dem Gebell stört!
Bedenkst Du all dies und kannst Du Dich trotzdem entschließen, Dir einen Hund anzuschaffen, dann wird Dir Dein Tier viel Freude bereiten und Dir Deine Mühe durch Treue und Anhänglichkeit lohnen.

Ich hoffe, daß ich Dir eine zufriedenstellende Auskunft geben konnte, und grüße Dich herzlich.

Dein Erwin

Berichte in einem Brief an deinen Freund (deine Freundin) über deine Erfahrungen!

Z. B.: über das Sammeln von Briefmarken oder über ein anderes Hobby
über das Erlernen eines Musikinstrumentes
über deine Tätigkeit in einem Verein
über deinen Lieblingssport
über ein bestimmtes Gerät (Personalcomputer, Kassettenrecorder, Videorecorder, Fotoapparat, Schmalfilmapparat, elektronische Schreibmaschine, Haushaltsgerät, Landmaschine u. dgl.)

Wie die Inhalte von dichterischen Texten zusammenfassend dargestellt werden können

45

Die Schüler der 3 a wollen ihre Klassenbücherei besser ordnen. Dabei haben sie vor, wie in den öffentlichen Bibliotheken eine Bücherkartei anzulegen, aus der man nicht bloß den Verfasser und den Titel des Buches ersehen kann, sondern auch über dessen Inhalt kurz nachlesen kann. Da die Karteiblätter nach dem Anfangsbuchstaben des Verfassers alphabetisch geordnet werden sollen, kann man die Bücher nicht bloß rascher finden, sondern sich auch sofort über den Inhalt informieren. Auf diese Weise soll sich der Leser leichter entscheiden können, ob er sich dieses Buch ausborgt oder nicht.

Solche **zusammenfassenden Inhaltsangaben** von Büchern findet man häufig auf den Innenseiten der Schutzumschläge der Bücher (daher nennt man sie auch „Klappentexte") oder auf den hinteren Buchdeckeln.

Nachstehend ein Beispiel:

Verfasser	Buchtitel (Buchgattung)	Verlag	Karteinummer
Queen, Ellery	Milo und die Goldenen Adler (Detektivgeschichte)	Arena	A 17

Inhalt:

Milo und sein Hund Stumpi, ein schwarzer Terrier, verbringen die Sommerferien am Meer. Dort lernt Milo schon am ersten Tag Billy kennen, den Sohn eines Schiffskapitäns. Billy versteht sich aufs Segeln und kennt die Gegend wie seine Westentasche. Er bringt Milo bei, wie man Hummer fängt und wie man ein Boot steuert. Aber auch sonst langweilen sich die beiden nicht. Es gibt da nämlich etwas, das Milos Neugier erregt: Immer wieder verschwinden Dinge, und die zwei Buben machen aber auch - dank Stumpis Hilfe - recht seltsame Funde. Milo hat daher allen Grund, sich als Detektiv zu betätigen. Nach vielen abenteuerlichen Zwischenfällen gelingt es ihm schließlich, das Geheimnis der Goldenen Adler, einer Schmugglerbande, zu lüften und alle rätselhaften Vorgänge nach und nach zu klären.

Ein spannender Jugendroman, der Buben und Mädchen ab 12 Jahren sicher gefallen wird.

Inhaltsangaben von Büchern, Filmen, Theaterstücken und Hörspielen findest du in Prospekten und Programmheften, aber auch in vielen Tageszeitungen in Form von Buch-, Theater- oder Filmkritiken. Sie sollen den Leser nicht nur neugierig machen, sondern ihn auch über das Buch, den Film, das Theaterstück, das Hörspiel informieren und diese beurteilen. Der Umfang und die Form der Inhaltsangaben hängen vom Zweck des jeweiligen Textes ab.

46 → L

Zu welchem Zweck könnten die folgenden Inhaltsangaben verfaßt worden sein?

Krambambuli (Inhaltsangabe der Erzählung von Marie von Ebner-Eschenbach)

Den Vorstehhund Krambambuli hat der Revierjäger Hopp von einem Hunger leidenden Forstgehilfen gekauft. Langsam gewöhnt sich der Hund an seinen neuen Herrn, dann aber kennen Treue und Wachsamkeit keine Grenzen.

In der Gegend treibt eine Bande von Wilderern ihr Unwesen. Ihr Anführer ist der „Gelbe", Krambambulis früherer Besitzer.

Eines Tages wird der Oberförster erschossen aufgefunden. Krambambuli beschnüffelt den Toten, bellt, winselt. Zehn Tage später stellt Hopp den „Gelben" und muß erleben, daß der Hund zwischen ihm und dem „Gelben" hin- und hergerissen wird. Schließlich kriecht er zum alten Herrn zurück. Zwei Schüsse fallen: Der Revierjäger hat getroffen. Krambambuli ist von der Leiche nicht wegzubringen, traut sich aber auch nicht mehr ins Jägerhaus zurück. So verwildert er, treibt sich im Wald und im Dorf herum und liegt an einem Morgen verendet vor der Schwelle des Jägerhauses.

Elisabeth (14)

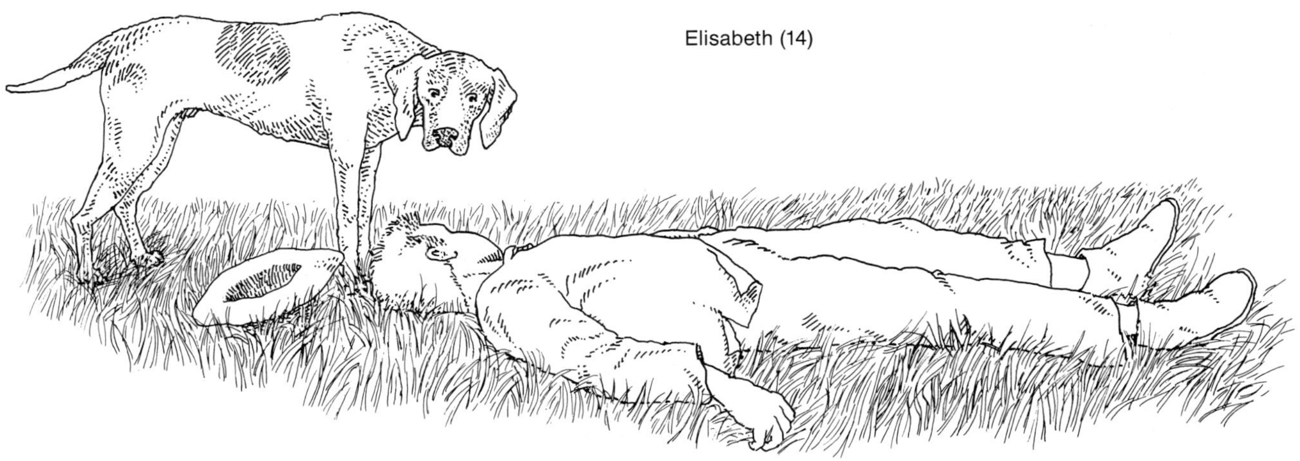

Der Traum ein Leben (Inhaltsangabe des Dramas von Franz Grillparzer)

Rustan, ein tatendurstiger junger Mann, lebt bei seinem Onkel Massud, dessen Tochter Mirza ihn liebt. Er findet keinen Gefallen am Landleben und träumt von Heldentaten, Ruhm und Größe. Der Negersklave Zanga schürt diese Leidenschaften. Darum will Rustan mit Zanga auf Abenteuer ziehen und um die Tochter des Königs von Samarkand[1] werben.

Zum letzten Mal vor der Abreise schläft er in der Hütte und träumt. Im Traum begegnet er dem König von Samarkand, der von einer gewaltigen Schlange verfolgt wird. Ein Unbekannter tötet sie, aber Rustan gibt sich als Retter des Königs aus. Um nicht verraten zu werden,

1 Stadt im asiatischen Rußland

tötet er den eigentlichen Retter. Er besiegt auch den Chan[2] von Tiflis und gewinnt die Liebe der Königstochter Gülnare. Schon glaubt er sich dem Ziel nahe, da wird er des Mordes an dem Unbekannten angeklagt. Auf Zangas Rat wiegelt er nun das Heer auf und tötet den König durch Gift. Dann reißt er die Herrschaft an sich und übt sie mit Grausamkeit und Härte aus. Eine Revolution bricht aus, und er muß mit Zanga fliehen. Von allen Seiten umstellt, springt er von der Brücke, auf der er seinerzeit den Unbekannten ermordet hat, in den Strom und — erwacht.
Unter dem Zuspruch seiner Lieben erholt er sich von den Gedanken des bösen Traums. Er ist von seinem Ehrgeiz geheilt, entläßt Zanga, den bösen Ratgeber, und heiratet Mirza.

47 → L

Wodurch unterscheiden sich Inhaltsangaben von Nacherzählungen?

2 Titel mongolischer Herrscher

- Wenn du den **Inhalt von dichterischen Texten** zusammenfassend wiedergeben willst, mußt du darauf achten, daß die Abfolge des Geschehens im richtigen zeitlichen Nacheinander bzw. in logischer Ordnung dargestellt wird und daß deine Inhaltsangabe die durchgehende Handlung erkennen läßt. Einzelheiten, die für den Zusammenhang nicht wesentlich sind, dürfen weggelassen werden.
- Für Inhaltsangaben wird das Präsens (die Gegenwart) verwendet.
- Da es sich um Berichte handelt, sollte der Inhalt sachlich und ohne Verwendung der wörtlichen Rede wiedergegeben werden. Wenn es der Zweck erfordert, kann am Schluß auch eine persönliche Stellungnahme zum Inhalt abgegeben werden.

48

*Verfasse eine **Inhaltsangabe eines Jugendbuches**, das du kürzlich gelesen hast und das dir gut gefallen hat!* Das Buch soll in die Schülerbücherei aufgenommen werden, die Inhaltsangabe ist für die Buchkartei bestimmt.

49 → L

*Gib den Inhalt der folgenden **Kurzgeschichte** des österreichischen Dichters Heimito von Doderer (1896—1966) zusammenfassend wieder:*

Die Dogge Wanda

Der Himmel stand in höchstgesteigertem Blau. Aus dem trichterförmigen Felskessel riß die Sonne das Äußerste an Schärfe der Kontur zwischen Licht und Schatten heraus, jede Vorwärtsbewegung der Glieder schuf neue und überraschende Wellen von Hitze, und auf den Graten oben, den kalkweißen, schienen die Lichtstrahlen schrillend an der oberen Grenze ihrer Schwingungszahl angelangt.

Eva strebte auf den kleinen See zu, der am Grunde des Kessels in der Mittagshitze, und wie plattgedrückt von dieser, lag. Im Vorbeigehen gähnte eine kleine, wenige Schritte tiefe Höhle als kühler Schlund vom Fuße der Felswand her, gerade dort, wo der reine Stein begann, an der Grenze zwischen dem nachlässigen und raschen Vorwärtsstreben auf den grasigen Schrofen und dem ernsteren Handanlegen, welches dann der Berg still und stumm erzwingt.

Als Eva die Höhle betreten wollte, um sich hier für das endlich erreichte Bad der Kleider zu entledigen, stemmte ihr Hund, eine mächtige Dogge, welche sich nun erst die vierte Woche in ihrem Besitze befand und sonst (nur gerade diesmal nicht!) auf den Namen Wanda hörte, alle vier Pfoten ein und sich selbst schräg nach rückwärts, bei gespannter Leine, an welcher das Mädchen ungeduldig zog. Es gelang ihr auch, das sträubende Tier mit genauer Not bis an den Rand der Felsplatte zu bringen, welche fliesenhaft eben, makellos und von den Wassern so glattgewaschen wie künstlicher Steinboden, der Höhle vorgelagert war. Weiter aber wollte es nun bei aller Anstrengung, bei allem Rufen und Schelten, bei allem Schieben nicht mehr gehen. Eva wurde zornig. Sie riß an der Schnur und schlug mit dem Lederende ihren Hund. Plötzlich aber wandte sich die Dogge gegen ihre Herrin, knurrte tief und sehr laut und in Tönen, welche sie bisher Eva nie hatte hören lassen. Machte es die Überraschung, daß dieser die Leine entglitt, oder mochte sie ein leises Unbehagen antreten, dem fleischerhundgroßen Tier gegenüber in dieser schweigsamen Einsamkeit — Wanda kam frei und sprang in langen Sätzen zum Wasser hinunter. Ihre Besitzerin aber ließ endlich die Höhle Höhle sein und folgte ihr ärgerlich nach.

Der See war kalt, jedoch nur in seiner größeren Tiefe, wo die Oberfläche noch als lauer Ring um die Brust lag, während es von unten her wie eisig um die Gelenke griff. An den flachen Rändern dagegen stand das Wasser bis auf den Grund erhitzt und gab an Wärme dem einer Badewanne nichts nach. Eva streckte sich. Wanda war neben ihr ins Wasser gestiegen, um mit eilfertig schlappender Zunge zu saufen. Dies getan, versuchte sie ihre Herrin wieder zu versöhnen, rieb die Schnauze an ihr und wedelte. Eva strich dem Tier leicht über den Kopf. Sie hatte die Augen geschlossen, die Arme unter dem Haupt verschränkt, war dicht eingepackt in die Hitze und löste sich in ihr gleichsam auf, sodaß ihr augenblicksweise schien, als könnte dieses Übermaß von Sonne sie vom Boden emporheben und über demselben schwebend erhalten. Nach einer Weile wälzte sie sich in dem flachen Wasser herum und bot nun ihren nassen Rücken der Sonnenglut. Jetzt schien ein leises Hauchen spürbar. Sie genoß die Abkühlung und öffnete erst die Augen, als ein merklicher Wind, ihr gerade entgegen, in den Felskessel hereinblies.

Gegenüber, oberhalb des Grates, dessen fahle Farbe jetzt an gebleichte Knochen erinnern konnte, hing ein dichtes Gewölk, rasch vorrückend und körperhaft fast wie der Stein. Das Licht hatte eine Brechung erfahren, und der vom aufziehenden Gewitter immer mehr angefressene Himmel fiel aus der höchstgesteigerten Kraft seiner Strahlung rasch von Stufe zu Stufe bis vollends ins Schiefergrau, das gleichzeitig mit dem ersten kraftvollen Windstoß, dem ersten Donnerrollen und den noch vereinzelten Regentropfen erreicht ward.

Eva kannte die raschen Wetter in ihren Bergen. Schnell, suchte sie rundum für sich und Wanda Deckung, raffte ihre Kleider und Schuhe unter dem Arme zusammen und lief den Abhang hinauf, um aus der Nähe des Blitze anziehenden Wassers zu gelangen. Als sie die erstrebte Höhle schon fast erreicht hatte, kam ihr Wanda dazwischen, und diesmal machte der große Hund wirklich Ernst. Ein wütendes Knurren, ja Schnappen vereitelte nicht nur jeden Versuch, ihn an der Leine hineinzuzerren, die Dogge verwehrte vielmehr auch ihrer eiligen Herrin den Eintritt ganz und gar: Als diese nämlich, dem Hund seinen Willen lassend, nun selbst in die kleine Höhle hinein- und an ihm vorbeizukommen trachtete, fuhr Wanda mit gefletschten Zähnen auf sie los und sprang geradezu gegen ihre Brust, sodaß Eva verwirrt den Rückzug antrat, um fünfzig Schritte weiter unter einer etwas vorstehenden Platte des Gesteins ein notdürftiges Obdach zu beziehen. Hier lag denn auch der Hund, jetzt wieder ruhig und gehorsam, zu ihren Füßen, während sie sich trocknete und ihre Kleidung anzog.

Indessen schmetterte der erste Blitz in den Kessel, der Donner gleichzeitig mit ihm, und wie es denn bei nahen Blitzschlägen überhaupt, gar aber im Hochgebirge ist: Der helle Krach zersplittert sich noch in tausend Schüsse, fast als schlüge man zahlloses Geschirr ent-

zwei, und dem Schlag folgen andere in rascher Folge. Es wurde dunkel, aber der Wind sprang glücklicherweise derart um, daß er den allenthalben prasselnden und rauschenden Regen nicht in Evas Versteck hinein-, sondern wie eine wehende Wand von diesem wegtrieb.
Das Wetter brauste jedoch rasch vorüber. In einer hohlen Stille, und verlassen wie noch nie, lagen bald wieder die jetzt vom Wasser dunkel gestreiften Felsen rund um den See, und einem rasch erheiterten Himmel blitzte da und dort der Widerschein aus Pfützen und versickerndem Gerinnsel entgegen.
Eva, die inzwischen mit recht umständlichen Bewegungen in der Enge sich angekleidet hatte (wobei sie mit einer gewissen Sorgfalt vermied, an den reglos zu ihren Füßen liegenden Hund zu stoßen), beschloß, ihren einsamen Ausflug jetzt abzubrechen und sich talwärts zu wenden. Sie trat aus dem schützenden Versteck hervor. Wanda hatte sich zugleich mit ihr erhoben, aber ehe noch das Mädchen die Leine greifen konnte, sprang der Hund in munteren Sätzen vor ihr her und den Abhang entlang und weiterhin geradewegs auf die fatale Höhle zu, in welche er ohne Zögern hineinlief, um gleich wieder, fröhlich wedelnd, zu seiner Herrin zurückzuspringen. Wie in Ungeduld durchmaß dann die Dogge den sich verringernden Abstand zwischen der kleinen Höhle und Eva mehrmals hin und her in einer Art von toller Lustigkeit, dann und wann leise kläffend. Endlich kam Eva dort an. Der Hund hielt sich dicht neben ihr, schnupperte und sah zu ihr auf.
Erst bemerkte das Mädchen nichts, wie denn oft Augenfälliges unserem Blick entgeht. Dann aber sah sie wohl zu ihren Füßen den langen geschwärzten Riß, der hier die Steinplatte in zwei Hälften gespalten hatte und bis ganz nach rückwärts in die flache Höhle hineinlief, ein schweigender Zeuge für die Gewalt himmlischen Feuers. Als furchte tief die Zornesfalte durch eine makellose, breite Götterstirn, so klaffte hier die Spur des Blitzes mitten durch den fliesenhaft glattgewaschenen Stein. Eva erzitterte. Sie schritt über die Platte, bückte sich und betrat die kaum zehn Geviertschuh umfassende Wölbung. Wanda hüpfte ihr nach, und ihr Schweif schien vor Freude eine Art Triller zu versuchen. Der Blitz hatte seine auslaufende Spur hier bis in den letzten Winkel getrieben.
Als Eva heraustrat, saß die Dogge auf den Hinterbeinen behaglich in der Sonne. Das Mädchen kniete zu dem Hund, nahm den großen Kopf zwischen die Hände und sah in die runden Augen des Tieres, die in ihrer abgründigen Tiefe und Leere nur ein versprengtes Teil schienen von dem hoch hineinspiegelnden himmlischen Blau.

Wie ein Protokoll abgefaßt wird

50

In der 4 c herrscht große Aufregung. Die Schüler haben einen Lehrausgang in den Tiergarten gemacht und dabei festgestellt, daß die Tiere dort durch ihre Gefangenschaft leiden. Die Zustände sind erbarmungswürdig.
Die Schüler wollen daher darüber diskutieren, was getan werden kann, um das zu ändern.
Damit kein Verbesserungsvorschlag unberücksichtigt bleibt und vergessen wird, hat sich Ilse bereit erklärt, während der Diskussion mitzuschreiben.
Erwin fungiert als Diskussionsleiter, damit die Diskussion richtig abläuft. Dann wird eine Stunde lang über dieses Problem gesprochen.
Am nächsten Tag liest Ilse ihren Mitschülern die Niederschrift über das Ergebnis der Beratungen **(Ergebnisprotokoll)** vor, die sie verfaßt hat:

Protokoll

über die Diskussion während der Deutschstunde am 24. Oktober 19.., 9.00 bis 10.00 Uhr

Anwesende: 26 Schüler und Schülerinnen der 4 c des Gymnasiums in Mödling und der Deutschlehrer Professor Gerald Rittberger
Entschuldigt wegen Krankheit: Grete Königer
Vorsitz: Erwin Mandl
Thema: Tierhaltung im Tiergarten ...

Nach einer lebhaften Diskussion faßten die Schüler der 4 c den Entschluß, an die Direktion des Tiergartens ... einen Brief zu schreiben, in dem gegen die Gefangenschaft der Wildtiere im allgemeinen und gegen die Art der Unterbringung im besonderen schärfstens protestiert wird.
Als Begründung soll angeführt werden:

1. Die Gefangenschaft in einem Zoo ist für die meisten Wildtiere qualvoll.
2. Auf dem Transport gehen viele Wildtiere ein, und jene, die im Zoo ankommen, sind vielfach geschädigt.
3. Der Klimawechsel macht viele Wildtiere krank.
4. Die Käfige der Tiere sind größtenteils viel zu klein und entsprechen nicht der natürlichen Umwelt der Tiere.
5. Als Folge davon haben manche Tiere schon einen nervösen Tick, sie führen mit einzelnen Körperteilen gleichförmige Bewegungen aus, ohne ihren Platz zu verlassen. Das Fell vieler Raubtiere sieht durch die engen Käfige schäbig aus.

Die Versammlungsteilnehmer fordern daher einstimmig, die Tiere in Käfigen unterzubringen, die den Lebensbedingungen in ihrer natürlichen Umgebung nahekommen und ihnen mehr Bewegungsfreiheit lassen. Auch sollten die Tiere in Lebensgemeinschaften gehalten werden, wie sie in der Natur anzutreffen sind.

Für die endgültige Formulierung des Protestschreibens wurde eine Arbeitsgruppe gewählt, die sich aus den Schülerinnen und Schülern Katrin Gruber, Angelika Meißner, Gerhard Hausner und Wolfgang Müller zusammensetzt. Der Text des Briefes soll bis zum 4. November der Klassengemeinschaft zur Unterschrift vorgelegt werden.

Ilse Hofstetter

Mödling, 27. Oktober 19.. — Ilse Hofstetter (Schriftführerin)

- Das **Protokoll** ist eine Form des Berichtes.
- In einem Protokoll sollen Besprechungsergebnisse festgehalten werden. Es dokumentiert die Beschlüsse und informiert auch Nichtteilnehmer einer Beratung über das Verhandlungsergebnis und gegebenenfalls über den Verhandlungsverlauf (Verlaufsprotokoll). Darüber hinaus gibt es genaue Anweisungen, was wer bis wann zu tun hat.
- Protokolle müssen sachlich abgefaßt werden, persönliche Meinungsäußerungen des Schriftführers dürfen nicht enthalten sein. Protokolle sollen klar formuliert und übersichtlich angeordnet werden.
- Das Protokoll sollte angeben:
  — den Ort und die Zeit der Beratung und der Abfassung;
  — wer anwesend war;
  — wer den Vorsitz geführt hat und wer als Schriftführer fungiert hat;
  — die Themen, über die gesprochen wurde (die „Tagesordnung");
  — das Ergebnis der Beratung (Beschlüsse);
  — den Wortlaut eventueller Anträge (Name des Antragstellers, Anzahl der beschließenden Stimmen).
- In sogenannten **Verlaufsprotokollen** müssen auch die Grundgedanken der einzelnen Redner angeführt werden. Jedes Protokoll muß vom Vorsitzenden durch seine Unterschrift genehmigt werden.

Verfasse nach dem angeführten Muster wahlweise ein Protokoll:

a) über den Verlauf einer Physikstunde, in der Versuche gemacht worden sind;

b) über eine Deutschstunde, in der darüber diskutiert wurde, ob und für wen sich die Anschaffung eines Personal Computers wirklich lohnt.

(Lies vorher den Text der Übung 104!)

Wie ein Interview vorbereitet wird

51

Erwin besucht das 9. Jahr die Schule und steht vor der Berufswahl. Deshalb sammelt er Informationen über Berufe und befragt Angehörige verschiedener Berufsgruppen, um über ihre Arbeit und die Vor- und Nachteile dieser Berufe einiges zu erfahren.
Damit diese Befragungen (Interviews) zielführend verlaufen, legt er sich einen **Befragungsplan** zurecht.
Nachdem er sich vorgestellt hat, fragt er zumeist auf die folgende Weise: „Wie ich gehört habe, sind Sie Radio- und Fernsehmechaniker. Sie üben einen sehr interessanten Beruf aus. Darf ich Sie dazu kurz befragen? Es wäre sicher aufschlußreich, Ihre Tätigkeit aus Ihrer Sicht dargestellt zu bekommen und kennenzulernen."
Dann stellt er seine **vorbereiteten Fragen**:

Was ist ein Radio- und Fernsehmechaniker?

Welche typischen Arbeiten führen Sie aus?

Arbeiten Sie allein oder im Team[1], in einer Fabrik oder in einem kleinen Betrieb?

Mit welchem Material haben Sie es zu tun?

Wie stark ist die körperliche Beanspruchung in Ihrem Beruf?

Welche seelische Belastung hat Ihr Beruf zur Folge?

Welche geistigen und körperlichen Voraussetzungen sind für die Ausübung dieses Berufes erforderlich?

Welche Fertigkeiten und Kenntnisse muß jemand, der diesen Beruf ergreifen will, mitbringen?

Welche Schulbildung wird gefordert?

Wo und wie erfolgt die Ausbildung zum Radio- und Fernsehmechaniker?

Wie lange dauert die Lehrzeit?

Wann kann die Meisterprüfung abgelegt werden?

Gibt es Aufstiegsmöglichkeiten?

Kann man sich in diesem Beruf auch selbständig machen?

Sind derzeit genügend Arbeitsplätze vorhanden?

Wie sieht es in der nächsten Zukunft damit aus?

Wie ist die Entlohnung während der Lehrzeit, wie später?

Welche Vor- und Nachteile hat dieser Beruf?

...

1 Arbeitsgruppe

- Die Art, Gespräche zu lenken (die **Fragestrategie**), hängt von der Absicht des Interviews ab.
- Will der Interviewer Auskünfte (Informationen) über Sachverhalte bekommen, die er noch nicht kennt, dann spricht man von einem **informativen Interview**.
- Will der Interviewer Stellungnahmen zu Wertfragen erhalten, handelt es sich um ein **gegenüberstellendes (konfrontatives) Interview**.
- **Tonbandaufnahmen** sollten nur mit Zustimmung des Befragten durchgeführt werden.

*Stelle einen **Befragungsplan** für ein Interview mit einer Krankenschwester (einem Krankenpfleger), einem Imker, einem Sportlehrer (einer Gymnasiallehrerin) oder einem Angehörigen eines anderen Berufsstandes zusammen! Denke dabei daran, daß der Gesprächseröffnung eine besondere Bedeutung zukommt, denn in einer freundlichen, gelockerten Atmosphäre läßt sich ein Interview besser durchführen als in einer gespannten!*

52

*Führe ähnliche Befragungen mit berufstätigen Geschwistern, mit Bekannten oder mit Verwandten durch und bereite die Interviews stets mit einem **Befragungsplan** vor!*

53

*Nimm an, dein Informant (Befragter) ist ein bekannter Sportler oder Schlagersänger, und du willst ihn als Reporter einer Jugendzeitschrift interviewen! Überlege bei der Planung, was die Leser deiner Zeitschrift über den Sportler bzw. Schlagersänger gern wissen möchten, und lege dir danach einen Befragungsplan zurecht! Frage z. B. nach den Lebensgewohnheiten, den Interessen, den Einstellungen zu Problemen der Zeit, den beruflichen und persönlichen Zielen, der Lieblingsbeschäftigung und dergleichen mehr! Nimm dieses **gegenüberstellende Interview**, wenn möglich, auf ein Tonband auf und kontrolliere, ob du zielführend gefragt hast und ob dein Informant die erwartete Antwort gegeben hat!*

Der **Interviewer** kann

- direkt nach einer Meinung fragen,
- zur Beurteilung eines Sachverhaltes auffordern,
- gegenteilige Standpunkte formulieren und um Stellungnahmen ersuchen,
- durch bestimmte Fragen den Verlauf des Gespräches steuern.

Der **Befragte (Informant)** kann

- eine Frage im Sinne der Absicht des Fragers beantworten,
- Behauptungen zurückweisen,
- die Beantwortung einer Frage verweigern,
- eine Frage umdrehen.

Berücksichtige dies bei der Vorbereitung des Interviews!

54

Wenn viele Menschen befragt werden sollen, verwendet man zu diesem Zweck einen **Fragebogen**. Ein Beispiel: Nicht jeder ist für jeden Beruf geeignet. *Kreuze in dem Fragebogen (S. 61) an, wie du dich selbst einschätzt! Solche Fragen stellen auch die Berufsberater, ehe sie dem Schulabgänger eine bestimmte Berufsausbildung empfehlen. Vielleicht wirst du dir dann selbst darüber klar, welchen Beruf du ergreifen willst.*

	1	2	3	4	5
Gesundheitszustand					
Sehfähigkeit					
Farbensinn					
Geruchs- und Geschmackssinn					
Schwindelfreiheit					
Hörfähigkeit					
Allgemeine körperliche Leistungsfähigkeit					
Allgemeine Begabung					
Gedächtnis, Merkfähigkeit					
Sprachliche Ausdrucksfähigkeit					
Vorstellungskraft					
Mathematische Begabung					
Raumvorstellungsvermögen					
Ausdauer					
Arbeitssorgfalt					
Ordnungssinn					
Konzentrationsfähigkeit					
Kontaktfähigkeit					

*55

*Entwirf gemeinsam mit einem Freund (einer Freundin) einen **Fragebogen über das Fernsehverhalten** deiner Mitschüler!*

Man soll daraus entnehmen können,

— welche Sendungen vorwiegend angesehen werden und warum,

— wie viele Stunden und zu welcher Zeit täglich ferngesehen wird,

— ob die Eltern mit dem Fernsehverhalten einverstanden sind.

Auf dem Fragebogen soll der Name des Befragten nicht aufscheinen und nur sein Alter und sein Geschlecht angegeben werden.

Wie Vorgänge und Sachverhalte beschrieben werden können

56

Rudi ist mit dem Fahrrad unterwegs. Bei der Rückfahrt hat er leider eine kleine Panne. Er kann nicht mehr weiter, denn die Kette ist vom vorderen Zahnrad seines Rades abgesprungen. Sie hat sich zwischen dem Zahnkranz und dem Rahmen verklemmt. Aber Rudi weiß sich zu helfen.
Der Broschüre „Der Pannenhelfer" entnimmt er die notwendigen Anweisungen für die Reparatur:

Das Auflegen der Kette

Solltest du unverletzt zum Stehen gekommen sein, suche zunächst einen Gegenstand, an den du das Rad anlehnen kannst! Parkende Autos und Schaufenster sind dafür nicht geeignet. Sichere dann deinen Standort durch Warnzeichen ab! Entferne das Gepäck vom Gepäckträger und stelle das Rad auf Lenker und Sattel! Schüttle anschließend die Kette kräftig durch und lege sie auf das hintere kleine Zahnrad auf! Spanne nun die Kette so weit wie möglich auf das vordere große Zahnrad! Hernach drehe das große Zahnrad mit Hilfe der Pedale kräftig durch! Um die Kette zu spannen, löse die Flügelmuttern vom Hinterrad und richte es so ein, daß es nicht an der Hinterradgabel schleift! Abschließend drehe das Rad wieder um und stelle es auf die Räder! Bei der Probefahrt kannst du feststellen, ob du die Kette richtig montiert hast.

Diese Reparaturanweisung ist eine **Vorgangsbeschreibung**. Der beschriebene Vorgang kann jederzeit nachvollzogen werden.
Versuche auf ähnliche Weise sachlich zu beschreiben, wie ein Fahrradschlauch geflickt wird!

- Bei der **Vorgangsbeschreibung** muß der Vorgang, der dargestellt werden soll, immer in der gleichen Reihenfolge beschrieben werden, wie er tatsächlich abgelaufen ist. Unwesentliches sollte wegbleiben.
- Um einen Vorgang genau beschreiben zu können, solltest du wissen, wie die **Gegenstände** und ihre Teile **bezeichnet** werden.
- Die **sprachliche Form** der Vorgangsbeschreibung richtet sich nach dem Zweck: **Spielregeln, Rezepte, Bedienungsanleitungen** sind ebenso Vorgangsbeschreibungen wie **Reparaturanweisungen** oder die **Darstellung von Sachverhalten** (z. B. wie man Butter oder Stahl erzeugt).
- Für die Vorgangsbeschreibung wähle als **Zeitform** die **Gegenwart** (das Präsens)!
- Manche Vorgangsbeschreibungen werden durch eine **Skizze** verständlicher.

57 → *L*

Als sich Christine ihr Haar waschen wollte, stellte sie fest, daß der Abfluß der Waschmuschel verstopft war. Das Wasser im Waschbecken floß nicht ab. Christine sah diesem Zustand nicht lange ratlos zu. Sie informierte sich in einem Handbuch, was in einem solchen Fall zu tun sei, und machte sich an die Arbeit.
Anhand von vier Skizzen wurden dort verschiedene Möglichkeiten des Vorgehens verdeutlicht:

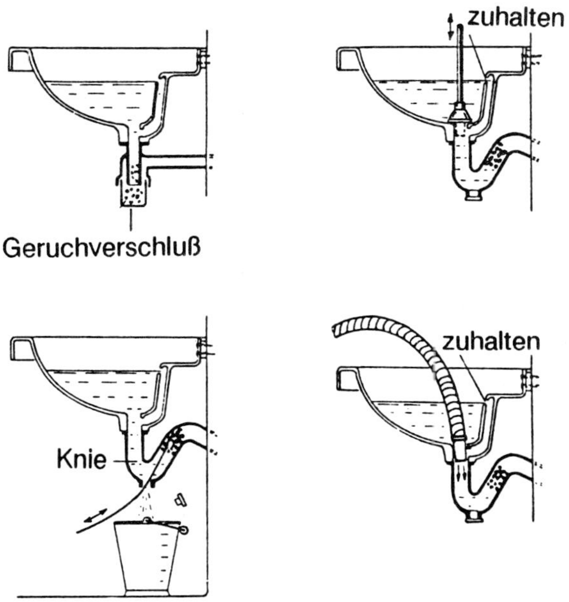

*Kannst du aufgrund der Zeichnungen eine **Anleitung** (Vorgangsbeschreibung) verfassen?*
Beginne etwa so:

Zuerst muß man einen Kübel unter das Knie des Abfluß-rohres stellen, damit das gestaute Wasser, wenn es abfließt, nicht auf den Boden gelangt. Mit Hilfe ...

58

Erna hat bei ihrer Freundin Katrin eine Torte gegessen, die ihr sehr gut geschmeckt hat. Sie will diese Torte ebenfalls herstellen und bittet ihre Freundin, ihr das **Rezept** aufzuschreiben.
Katrin kommt dem Wunsch ihrer Freundin gerne nach:

Linzer Torte

Zutaten: 125 g weiche Butter, 150 g Honig, 1 Ei, 1 gestrichener Teelöffel Kakao, 1 gestrichener Teelöffel Zimtpulver, 1 Messerspitze gemahlene Nelken, 2 Eßlöffel Kirschwasser, 125 g Mandeln, 250 g fein gemahlener Weizen; für die Füllung 200 g Himbeermarmelade; zum Bestreichen 2 Eßlöffel Milch; für die Form Butter.

Zubereitungszeit: 40 Minuten, **Ruhezeit:** 30 Minuten, **Backzeit:** 1 Stunde.

So wird's gemacht: Die Butter mit dem Honig schaumig rühren. Das Ei, den Kakao, die Gewürze und das Kirschwasser dazugeben. Die Mandeln mahlen, mit dem Mehl mischen und unter den Teig rühren. Den wei-

chen Teig zugedeckt 30 Minuten in den Kühlschrank stellen. Die Tortenform innen mit Butter leicht einfetten, zwei Drittel des Teiges ausrollen. Die Form damit auslegen und einen zwei Zentimeter hohen Rand formen. Mit der Himbeermarmelade bestreichen. Den restlichen Teig ausrollen und schmale Streifen ausrädeln. Sie werden als Gitter daraufgelegt und mit der Milch bestrichen. Die Torte auf der zweiten Leiste von unten in den Backofen schieben und bei 180° 60 bis 70 Minuten backen. Vor dem Anschneiden zwei Tage durchziehen lassen.

Erkundige dich ebenfalls nach dem Rezept einer Speise, die dir gut schmeckt! Schreibe dir das Rezept davon mit eigenen Worten auf (evtl. in Stichworten)!

Bei der Abfassung einer **Vorgangsbeschreibung** kannst du folgendermaßen vorgehen:

1. Notiere dir zuerst in Stichworten Einzelheiten!
2. Ordne dann die Stichwortnotizen nach der Reihenfolge, in der der Vorgang abläuft! Daraus ergibt sich die Gliederung des Textes.
3. Beschreibe dann mit Hilfe der Gliederung den ganzen Vorgang zusammenhängend!

59

*Auch **Spielregeln** sind Vorgangsbeschreibungen. Verfasse nach dem folgenden Beispiel ebenfalls eine Spielregel! Wähle aber ein Spiel, das du gut kennst!*

Die lebende Setzmaschine

Dazu braucht man einige große Blätter oder große Pappstücke, auf denen die Großbuchstaben des Alphabets dick mit Filzstiften aufgeschrieben stehen. Einige Buchstaben muß man mehrmals haben, aber das merkt ihr schon selbst, wenn ihr spielt.
Dann kann es losgehen: Bestimmt den ersten Spielleiter! Er soll ein Wort nennen, das von zwei Setzmaschinen-Mannschaften so schnell wie möglich zusammengesetzt werden soll. Jeder Spieler darf dabei nur eine Buchstabenkarte vor sich halten.
Jene Mannschaft, die das Wort zuerst richtig gesetzt hat, bekommt einen Punkt. Sieger ist, wer zuerst fünf Punkte erreicht hat.
Fangt zuerst mit kurzen Wörtern an und geht dann langsam zu längeren über! Der Spielleiter muß darauf achten, daß die Buchstaben, die für das Wort nötig sind, auch vorher in ausreichender Anzahl bei den Gruppen vorhanden sind.

60 → L

In dem nachfolgenden Text wird die ***Arbeitsweise eines Viertakt-Dieselmotors*** erklärt.
Notiere dir beim Durchlesen (in Stichworten) Einzelheiten über den Sachverhalt, also wie die Teilvorgänge ablaufen!

Der Dieselmotor ist eine Kraftmaschine, die den flüssigen Brennstoff in Heißluft zündet; der Motor erreicht dabei den höchsten Wirkungsgrad aller Wärmekraftmaschinen. Bis zu 45 % der mit dem Brennstoff zugeführten Wärme werden in mechanische Arbeit umgesetzt. Die Heißluft wird durch Kompression atmosphärischer Luft in den Zylindern der Maschine erzeugt. Brennstoffe für den Dieselmotor sind hauptsächlich die billigen, höher siedenden Öle der Erdöl-, Braunkohlenteer- und Steinkohlenteer-Destillation: Gasöl, Paraffinöl, Leicht-, Mittel-, Schweröl.

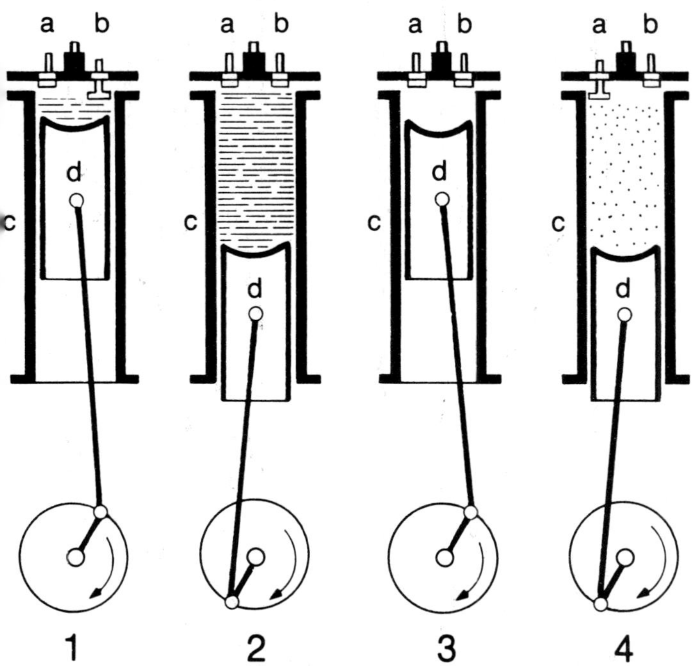

Der erste Motor wurde als Viertaktmotor gebaut. Der Kolben, der sich im Zylinder bewegt, saugt bei seiner ersten Abwärtsbewegung durch ein Einsaugventil atmosphärische Luft in den Zylinder, bis er den „Totpunkt“ erreicht hat. In diesem Augenblick schließt sich das Einsaugventil. Der Kolben verdichtet nun im zweiten Hub bei seiner Aufwärtsbewegung die Luft auf etwa 30—35 at[1]. Dabei erwärmt sich die Luft auf ungefähr 600 °C, eine Temperatur, die erheblich über der Entzündungstemperatur des verwendeten flüssigen Brennstoffes liegt. Der Brennstoff, der nun eingespritzt wird, entzündet sich ohne Zündvorrichtung an der heißen Luft im Zylinder. Es folgt der eigentliche Arbeitshub; die Energie, die durch die Verbrennung des Brennstoffes frei wird, treibt den Kolben abwärts und verrichtet damit Arbeit. Im letzten Teil dieses Arbeitshubes wird das Auspuffventil geöffnet, sodaß der Kolben, der sich im 4. Takt wieder aufwärts bewegt, die Verbrennungsgase durch das Auspuffventil ausstoßen kann. In der unablässigen Folge dieser 4 Takte arbeitet der Motor.
Bei den ersten Dieselmotoren wurde der Brennstoff durch Druckluft, von einem Kompressor erzeugt, in den Verbrennungsraum gespritzt. Heute verwendet man hauptsächlich kompressorlose Motoren (Einspritzmotoren). Der Brennstoff wird von einer kleinen Kolbenpumpe mit 100 bis 400 at durch die Einspritzdüse, die ihn fein zerstäubt, in den Brennraum gespritzt. Bessere Eigenschaften der Werkstoffe und zweckmäßigere Konstruktionen machten es möglich, Gewicht und Raumbedarf des Dieselmotors wesentlich zu verkleinern. Dadurch erschlossen sich dem Dieselmotor weitere Anwendungsgebiete.
Die Vorzüge des Dieselmotors sind seine hohe Wirtschaftlichkeit durch große Wärmeausbeutung, die sofortige Betriebsbereitschaft, die Verwendung nicht gefährlicher Brennstoffe, die einfache Förderung und Lagerung des Brennstoffes.

Für welchen Zweck könnte der Text verfaßt worden sein?

61

Verfasse eine ***Bedienungsanleitung*** *für ein Gerät, das du gut kennst (z. B. für einen Fotoapparat, einen Kassettenrecorder, einen Videorecorder, eine elektronische Schreibmaschine, eine Melkmaschine oder eine Küchenmaschine)! Nimm an, du wolltest das Gerät verkaufen und dem neuen Besitzer Ratschläge für die Bedienung mitgeben!*

[1] Atmosphären (ein Druckmaß)

Wie man Personen, Tiere und Gegenstände beschreiben kann

62 → L

Im Fernsehen wurde das Bild eines Mädchens gezeigt. Gleichzeitig sagte die Sprecherin den folgenden Text durch: „Die Polizei ersucht um folgende Durchsage: Seit dem 17. Juni, 14 Uhr, wird die 13jährige Hauptschülerin Edith Horner aus Innsbruck vermißt. Sie ist zuletzt in der Maria-Theresien-Straße gesehen worden, wo sie sich auf dem Rückweg von der Schule befand und von einer Freundin verabschiedet hat. Das etwa 1,65 Meter große, schlanke Mädchen hat braune Augen und langes, leicht gewelltes dunkelblondes Haar, das es hinten mit einer Schleife zusammengebunden trägt. Sein sommersprossiges ovales Gesicht zeigt oberhalb der rechten Augenbraue eine kleine Narbe. Das Mädchen, das Hochdeutsch mit tirolerischem Akzent spricht und Italienisch versteht, sieht älter aus, als es ist. Edith Horner ist mit dunkelblauen Jeans und einer gelben Segeljacke über einem roten Pullover bekleidet. An den Füßen trägt sie weiße Laufschuhe aus Kunststoff. Sie hat eine Armbanduhr mit einem Chromstahlgehäuse bei sich, die an einem schwarzen Lederband befestigt ist. Ihre Schulsachen befinden sich in einem kleinen hellblauen Rucksack aus Leinen. Sachdienliche Hinweise über den Verbleib des Mädchens nimmt jede Polizei- oder Gendarmeriedienststelle entgegen."

Um welche Textsorte handelt es sich hierbei? Welchem Zweck dient der Text? An wen richtet er sich?

- **Beschreibungen** dienen der Information des Lesers. Dabei kommt es darauf an, das Kennzeichnende, Besondere, Andersartige einer Person, eines Tieres, eines Gegenstandes mit kennzeichnenden Ausdrücken zu nennen.
- Die **sprachliche Form** hängt vom Zweck der Beschreibung ab (**Abgängigkeitsanzeige, Verlustanzeige, Diebstahlsanzeige, Wanderführer** u. dgl.).
- Bei Beschreibungen wird als **Zeitform** die **Gegenwart** (das Präsens) verwendet.

63 → L

Suche Wörter, die das Aussehen eines Menschen kennzeichnen: Gestalt und Haltung, Kopfform, Gesicht und Gesichtsausdruck, Haar und Bart, Stirn, Augen, Augenfehler, Augenbrauen, Nase, Ohren, Ohrläppchen, Mund, Zähne, Kinn, Arme und Hände, Beine und Füße, Sprache!

64

Beschreibe das Aussehen eines Mitschülers (einer Mitschülerin), ohne dessen (deren) Namen zu nennen! Lies die Beschreibung dann den anderen Mitschülern vor! Wenn du die Person treffend beschrieben hast, können deine Mitschüler erraten, wer gemeint ist.

65

Herbert hat seine Armbanduhr verloren.
Er beschreibt sie schriftlich, weil er den Zettel am Informationsbrett der Schule aushängen will:

Armbanduhr verloren!

Seit Mittwoch, dem 8. Mai, vermisse ich meine Armbanduhr. Vermutlich habe ich sie im Umkleideraum des Turnsaales liegengelassen.

Es ist eine große Herrenarmbanduhr, Marke Midlux, in einem Chrom-Nickel-Gehäuse. Das Ziffernblatt ist silbergrau und matt, die Zeiger und die Ziffern sind schwarz. Die Uhr ist an einem rotbraunen Lederarmband befestigt.

Bei der Anschaffung hat sie 1870 Schilling gekostet.

Der ehrliche Finder wird gebeten, die Uhr gegen Belohnung in der 4 d abzugeben.

Herbert Gründler

Verlustanzeigen sind **Gegenstandsbeschreibungen**. Sie müssen sachlich formuliert und so abgefaßt sein, daß man den Gegenstand nach der Beschreibung wiedererkennen kann.
Im übrigen verfahre folgendermaßen:

- Stelle die Art des verlorenen Gegenstandes fest!
- Nenne die wesentlichen Teile, aus denen sich der Gegenstand zusammensetzt!
- Beschreibe sein Aussehen, insbesondere, wie sich das Stück von anderen der gleichen Art unterscheidet (Größe, Form, Farbe, Werkstoff, Erhaltungszustand, Wert)!
- Vergiß nicht, mitzuteilen, bei wem und wo der Gegenstand abzugeben ist!

Beschreibe einen Gegenstand in Form einer Verlustanzeige!

66 → L

*Nimm an, dein **Fahrrad** oder das **Auto** deines Vaters (Bruders, Onkels) sei gestohlen worden! Beschreibe es in Form einer Diebstahlsanzeige für die Polizei!*

67

*Beschreibe in Form eines Zeugenberichtes einen **Lastkraftwagen**, der nach einem Zusammenstoß, bei dem es auch Verletzte gegeben hat, ohne zu halten davongefahren ist! Benütze für die zu kennzeichnenden Teile die nachstehend angeführten Wörter für die Bestandteile des Lastkraftwagens!*

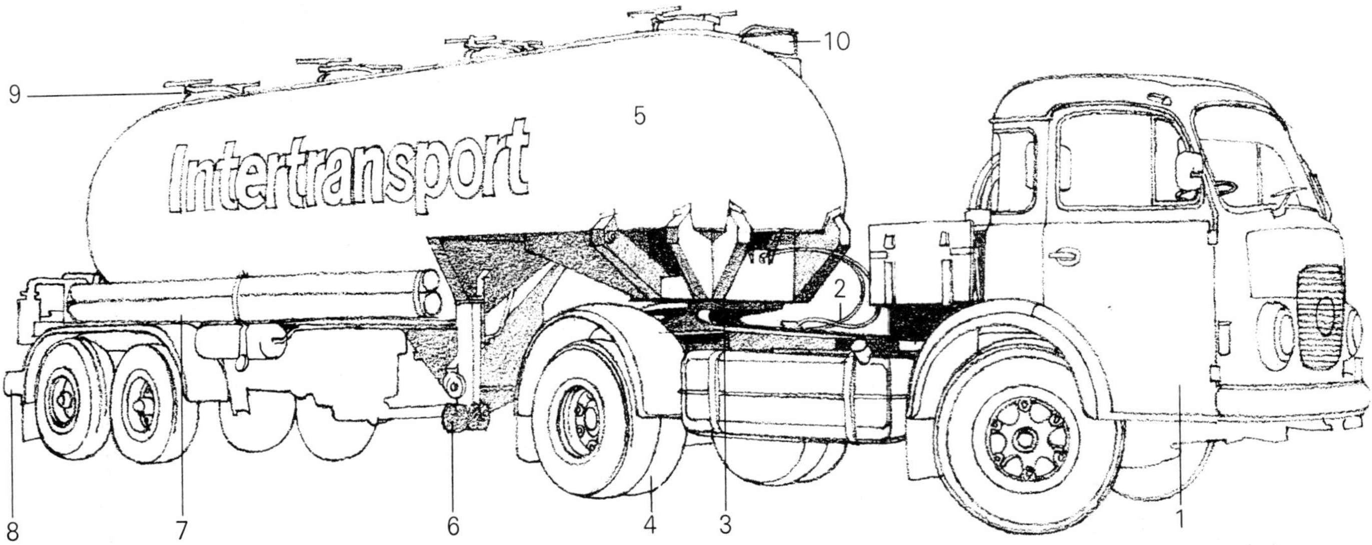

Lastwagen-Sattelschlepper (Vier-Achsen-Lastenzug):
1 Zugmaschine (Frontlenker)
2 Anschlußschläuche für Druckluft und Elektrik
3 Drehschemel
4 Doppelbereifte Hinterachsen (Zwillingsreifen)
5 Siloauflieger (Anhänger)
6 Stützräder (nach Abhängen des Schleppers)
7 Einfüllröhren
8 Schluß-, Brems- und Standlichtkombination; Nummernschild
9 Einfüllöffnungen
10 Aufstieg

68

Beschreibe in einem Brief an deinen Freund (deine Freundin) das ***Zimmer****, in dem du lernst (schläfst, wohnst)!*

69

Konrad ist Führer einer Jugendgruppe. Für den Sonntag plant er, eine **Wanderung** in das Alpenvorland zu machen.
In einem Wanderführer findet er eine Wanderung beschrieben:

Auf den Hochschneeberg

Von den vielen Anstiegsrouten auf den Schneeberg wollen wir den Fadensteig wählen. Womöglich fahren wir schon am Vortag in den Nachmittagsstunden vom Südbahnhof über Leobersdorf nach Puchberg und gehen dort auf der Fahrstraße — bei den Häusergruppen Hof und Sonnleiten vorbeikommend — nach Losenheim. Zum Wochenende von Puchberg nach Losenheim Postautoverkehr. Ein gelb bezeichneter Steig führt ziemlich steil zu der auf dem Fadensattel gelegenen Sparbacher Hütte (1 248 m) hinan, in der wir nächtigen. Am Morgen des nächsten Tages begehen wir den zwar steilen, dank der vielen Serpentinen aber kaum sehr ermüdenden Felssteig, der uns ohne Gefahr durch die Fadenwände hindurchführt und auf die Hochfläche des Schneeberges bringt. Ängstlichen Gemütern ist er aber nicht gerade zu empfehlen. Sanft ansteigend, kommen wir schließlich zur teilweise bereits neu erstandenen Fischerhütte des Österreichischen Touristenklubs, wenige Minuten unter dem Gipfel des Kaisersteins (2 061 m); zum höchsten Punkt des Schneeberges, zum 2 075 m hohen Klosterwappen, sind es noch 20 Minuten. Von der großartigen Fernsicht sei besonders der Blick auf die gegenüberliegende Rax (Kloben- und Loswände) erwähnt. Zum Damböckhaus des Österreichischen Touristenklubs auf dem Ochsenboden ist es nicht

weit, geht man dann um die Kuppe des Waxriegels herum, sind auch das Schneebergkirchlein und das Hotel Hochschneeberg erreicht. Dort beginnt die Trasse der Zahnradbahn; wir statten aber noch dem Baumgartnerhaus des Österreichischen Touristenklubs einen Besuch ab und wenden uns erst dann dem Kaltwassersattel zu, über den auch der Schienenstrang führt. Der Weg nach Puchberg verläuft in gleichmäßigem Gefälle und ist daher für den Abstieg gut geeignet.

Gehzeiten: Puchberg—Losenheim 1½ Stunden, weiter zur Sparbacher Hütte 1½ Stunden; über den Fadensteig auf den Kaiserstein 2½ Stunden; Abstieg zum Damböckhaus und zum Baumgartnerhaus je ¾ Stunden, weiter nach Puchberg 2¼ Stunden.

Fahrzeiten: Ab Wien-Südbahnhof nach Puchberg am Schneeberg und zurück je 2 bis 2½ Stunden; eventuell Zahnradbahn Hochschneeberg—Puchberg 1¼ Stunden; Postauto Puchberg—Losenheim ¼ Stunde.

Erwin Benesch

70

Vergleiche auch, wie anschaulich ein ***Dichter*** *einen Weg beschreibt! Unterstreiche die treffenden Ausdrücke!*

Man geht nach der Mittagsrichtung zu auf einem guten, schönen Weg, der über einen sogenannten Hals in ein anderes Tal führt. Hals heißen sie einen mäßig hohen Bergrücken, der zwei größere und bedeutendere Gebirge miteinander verbindet und über den man zwischen den Gebirgen von einem Tal in ein anderes gelangen kann. Auf dem Hals, der den Schneeberg mit einem gegenüberliegenden großen Gebirgszug verbindet, ist lauter Tannenwald. Etwa auf der größten Erhöhung desselben, wo nach und nach sich der Weg in das jenseitige Tal hinabzusenken beginnt, steht eine sogenannte Unglücksäule. Es ist einmal ein Bäcker, welcher Brot in seinem Korb über den Hals trug, an jener Stelle tot gefunden worden. Man hat den toten Bäcker mit dem Korb und mit den umringenden Tannenbäumen auf ein

Bild gemalt, darunter eine Erklärung und eine Bitte um ein Gebet geschrieben, das Bild auf eine rot angestrichene hölzerne Säule getan und die Säule an der Stelle des Unglückes aufgerichtet. Bei dieser Säule biegt man von dem Weg ab und geht auf der Länge des Halses fort, statt über seine Breite in das jenseitige Tal hinüberzuwandern. Die Tannen bilden dort einen Durchlaß, als ob eine Straße zwischen ihnen hinginge. Es führt auch manchmal ein Weg in diese Richtung hin, der dazu dient, das Holz von den höheren Gegenden zu der Unglücksäule herabzubringen, der aber dann wieder mit Gras verwächst. Wenn man auf diesem Weg fortgeht, der sachte bergan führt, gelangt man endlich auf eine freie, von Bäumen entblößte Stelle. Dieselbe ist dürrer Heideboden, hat nicht einmal einen Strauch, sondern ist mit schwachem Heidekraut, mit trockenen Moosen und mit Dürrbodenpflanzen bewachsen. Die Stelle wird immer steiler, und man geht lang hinan; man geht aber immer in einer Rinne — gleichsam wie in einem ausgerundeten Graben — hinan, was den Nutzen hat, daß man auf der großen, baumlosen und überall gleichen Stelle nicht leicht irren kann. Nach einer Zeit erscheinen Felsen, die wie Kirchen gerade aus dem Grasboden aufsteigen und zwischen deren Mauern man längere Zeit hinangehen kann. Dann erscheinen wieder kahle, fast pflanzenlose Rücken, die bereits in die Lufträume der höheren Gegenden ragen und gerade zu dem Eis führen. Zu beiden Seiten dieses Weges sind steile Wände, und durch diesen Damm hängt der Schneeberg mit dem Hals zusammen.

Adalbert Stifter

71

*Beschreibe einen **Wanderweg**, den du gut kennst, für die Schülerzeitung!*
Die Wanderung hat dir so gut gefallen, daß du sie anderen empfehlen willst.

72

*Nimm an, ein Freund (eine Freundin) aus Deutschland will dich besuchen! Beschreibe daher in einem Brief den **Weg**, den er (sie) vom Bahnhof aus einschlagen muß, um zu dir zu gelangen!*

73

*Beschreibe ein **Tier**! Nimm an, du mußt einem jüngeren Schüler erklären, wie es aussieht!*
Als Beispiel möge dir der folgende Text aus einem Biologie-Lehrbuch dienen:

Das Eichhörnchen

Das zierliche Tier erreicht eine Körperlänge von etwa 25 cm. Sein dichter Pelz ist an der Unterseite weiß, sonst aber rostbraun oder auch schwarz. Der rundliche Kopf zeichnet sich durch große, lebhafte Augen und aufrecht stehende Ohrmuscheln aus, die pinselförmige Haarbüschel tragen. Die Oberlippe ist wie beim Kaninchen durch eine Hasenscharte gespalten und mit Schnurrhaaren versehen. Der schlanke Rumpf geht in einen fast körperlangen „zweizeilig“ behaarten Schwanz über. Die kurzen Vordergliedmaßen besitzen außer einem Daumenstummel 4 Finger, die wie die 5 Zehen der langen Hintergliedmaßen mit Krallen bewehrt und untereinander nicht verwachsen sind.

Mit Texten zu Handlungen auffordern (appellieren)

Wie Einladungen, Dankschreiben und Entschuldigungsschreiben verfaßt werden

74 → *L*

Brigittes Eltern sind aus der Stadt auf das Land gezogen und wohnen jetzt in einem Dorf in einem anderen Bundesland. Ihr Vater hat dort eine Reparaturwerkstätte für Landmaschinen aufgemacht. Brigitte bewohnt mit ihren Eltern das Zweifamilienhaus der Großmutter. Es hat einen schönen großen Garten. Trotzdem fühlt sich Brigitte einsam und hat Heimweh nach der Stadt. Sie hat daher ihre Eltern gefragt, ob sie für einige Wochen während der Ferien zwei Freundinnen einladen darf, mit denen sie jahrelang die gleichen Klassen besucht hat. Nachdem ihre Eltern zugestimmt haben, verfaßt Brigitte den folgenden **Brief**:

Liebe Burgi!

Nun wohne ich schon fast ein Jahr auf dem Land und habe mich noch immer nicht an die mir ungewohnte Umgebung gewöhnt. Ich muß oft an unsere alte Schule in Wien und an die vielen lustigen Streiche denken, die wir gemeinsam ausgeheckt haben. Gewiß habe ich auch hier bereits mit einigen Mädchen und Buben Freundschaft geschlossen, aber manchmal spüre ich, daß sie mich noch immer als „Zugereiste" betrachten. Das beginnt schon damit, daß ich nicht ihre Mundart spreche, sondern ein wienerisch gefärbtes Hochdeutsch. Und dann weiß ich auch wenig über die Gegend hier, über die Leute und überhaupt über das Leben auf dem Land.
Ich würde mich daher sehr freuen, wenn ich wieder mit Dir wie in alten Zeiten plaudern könnte. Wir waren doch fast immer der gleichen Meinung — oder nicht?
Aus diesem Grund habe ich meine Eltern gefragt, ob Du während der Ferien für einige Wochen zu uns kommen darfst, und sie waren mit meinem Vorschlag einverstanden. Bitte schreibe mir, ob Deine Eltern einwilligen und wann es Dir recht ist! Nur für die Fahrtkosten mußt Du selbst aufkommen.
Ich werde auch Waltraud einladen, zur gleichen Zeit zu kommen. Es wäre ganz herrlich, wenn wir wieder gemeinsam spielen könnten. Vergiß auch nicht, das Badezeug mitzunehmen, denn der Attersee ist nicht weit!
Ich erwarte Deine Antwort.

Bis dahin sei herzlich gegrüßt von Deiner Freundin

Brigitte

Burgi ist von dem Vorschlag ihrer Freundin begeistert, und auch ihre Eltern haben nichts dagegen. Daher schreibt sie an Brigitte den folgenden Brief:

Liebe Brigitte!

Vielen Dank für Deine Einladung!
Ich finde es herrlich, daß ich zu Dir kommen darf, denn auch ich habe im vergangenen Jahr oft an Dich gedacht. Meine Eltern haben auch nichts dagegen, und sie schlagen die Zeit zwischen dem 13. und dem 31. August vor. In diesem Jahr bekommt mein Vater ohnehin keinen Urlaub während der Monate Juli und August. Sie meinen aber, daß Du dafür in einem anderen Jahr für einige Wochen zu uns in die Stadt kommen solltest.
Ich werde Dir noch rechtzeitig schreiben, mit welchem Zug ich komme, damit Du mich eventuell vom Bahnhof abholen kannst.

Es grüßt Dich herzlich Deine
Burgi

Von Waltraud bekommt Brigitte auf ihre Einladung jedoch eine Absage:

Liebe Brigitte!

Über Deinen Brief habe ich mich sehr gefreut, und ich danke Dir herzlich für die Einladung.
Leider kann ich aber nicht kommen, da meine Eltern mit mir die ganzen Ferien in Jugoslawien am Meer verbringen werden. Wie Du wahrscheinlich weißt, ist mein Vater Lehrer und hat so lange Ferien wie ich. Und da reisen wir mit dem Wohnwagen jedes Jahr nach dem Süden. Ich werde Dir gewiß von dort schreiben.
Bitte entschuldige daher, daß ich diesmal nicht kommen kann, aber vielleicht geht es während der Osterferien im kommenden Jahr. Diesen Vorschlag habe ich meinen Eltern schon gemacht, und sie haben nicht nein gesagt.

Sei abschließend recht herzlich gegrüßt von Deiner

Waltraud

Bei den drei Texten handelt es sich um Briefe persönlichen Inhalts.
Durch welche Merkmale inhaltlicher, sprachlicher und formaler Art unterscheiden sie sich von sachlichen Briefen (Übungsbeispiele 39 b und 43 sowie Lösungsbeispiel 66)?

Für das **Verfassen von persönlichen (privaten) Briefen** solltest du dir folgende **Grundregeln** merken:

1. Überlege genau, warum du schreibst und was du dem Empfänger mitteilen möchtest!
2. Versuche dich in die Lage des Empfängers zu versetzen und denke nach, was den Leser interessieren könnte!
3. Schreibe alles Wesentliche höflich, aber kurz und bündig!
4. In einem Brief kannst du berichten, erzählen, deine Gefühle schildern oder den Leser zu Handlungen auffordern. Schreibe aber immer persönlich und lebendig! Suche den Empfänger mit dem Brief zu erfreuen!
5. Hinsichtlich der sprachlichen Form mußt du vor allem die Anrede und die Schlußformel beachten, denn Briefe persönlichen Inhalts sollten Kontakte und Bindungen vertiefen.
6. Vergiß nicht, die Fürwörter der Anrede (Sie, Du, Dich, Dein, Euer, Ihre, Ihnen u. dgl.) mit großem Anfangsbuchstaben zu schreiben!

Freunde, Verwandte und gute Bekannte darfst du auf folgende Weise **anreden**:

Lieber Robert!
Lieber Onkel und liebe Tante!
Liebe Eltern!
Meine liebe Irene!
Liebe Frau Doktor Gruber!

Wenn du Fernstehenden oder Vorgesetzten schreibst, mußt du eine **förmlichere Anredeform** wählen:

Sehr geehrter Herr Berger!
Sehr geehrte Frau Doktor!
Sehr geehrtes Fräulein Müller!
Sehr geehrte gnädige Frau!
Guten Tag, Herr Hauser!

Als **Briefschlüsse** kannst du wählen bei Briefen an Freunde und Verwandte:

Sei herzlich gegrüßt von Deinem...
Viele liebe Grüße Dein ...
Mit herzlichen Grüßen Ihre...
Es grüßt Dich herzlich Deine...

Briefe an Fernstehende solltest du folgendermaßen **schließen**:

Mit freundlichen Grüßen ...
Mit höflichem Gruß...
Mit besten Grüßen ...
Mit bestem Dank Ihr...
Mit den besten Empfehlungen...

Hinsichtlich der **Beschriftung des Briefumschlages** gelten die **Empfehlungen des Weltpostvereines**:

1. Die **Anschrift** wird in der Längsrichtung des Briefumschlages geschrieben. In der ersten Zeile stehen gegebenenfalls Beförderungsvermerke (z. B. „Einschreiben!").
2. Darunter folgt nach einer Leerzeile die **Anrede**: Herrn, Frau, Fräulein, Familie (fällt bei Geschäftsbriefen weg).
3. In der nächsten Zeile schreibt man den **Vor- und Familiennamen des Empfängers** bzw. den **Firmennamen**. Hat der Empfänger einen akademischen Titel (Dr., Mag., Dipl.-Ing. usw.) oder einen Ehrentitel (Regierungsrat, Hofrat, Kommerzialrat, Medizinalrat u. dgl.), schreibt man diesen vor dem Namen.
4. Darunter folgen (im Lesefeld) die **Straßenbezeichnung** mit der Haus- und Türnummer und in der nächsten Zeile genau darunter die **Postleitzahl mit dem Postort**. Bei Briefen ins Ausland setzt man vor die Postleitzahl noch den (die) Buchstaben, der (die) mit dem Autokennzeichen des Staates übereinstimmt (übereinstimmen), in dem der Postort liegt (z. B. A für Adressen in Österreich, D für Adressen in Deutschland, CH für Adressen in der Schweiz usw.). In der letzten Zeile sollte (nur bei Briefen ins Ausland) der Staat in Worten genannt werden.
5. **Name und Adresse des Absenders** werden für gewöhnlich auf der Rückseite des Briefumschlages vermerkt (fortlaufend geschrieben).

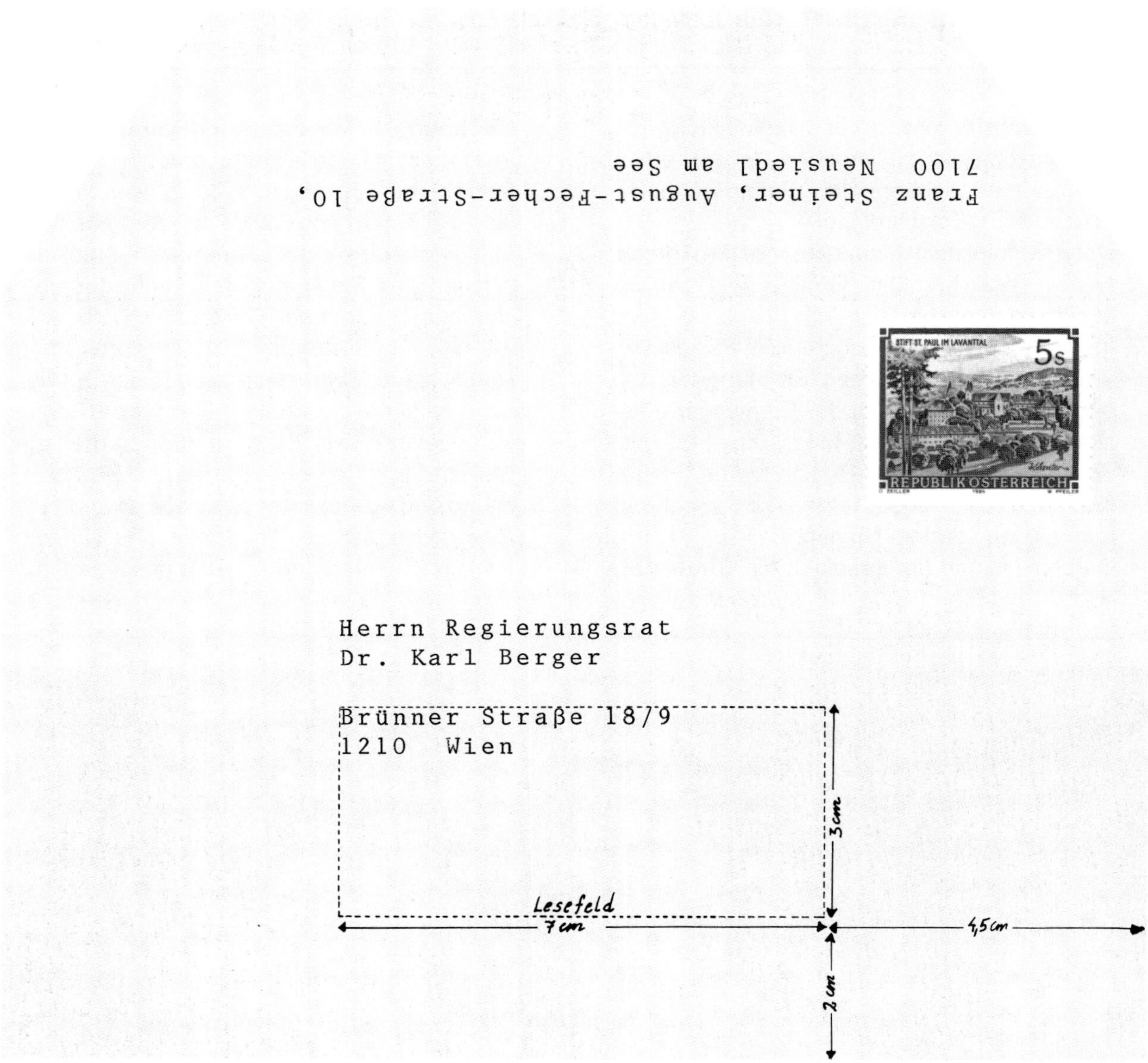

*75 → *L*

Übungsaufgaben für **persönliche Briefe**:

a) *Verfasse ein persönliches Schreiben an einen seit längerer Zeit erkrankten Freund (eine erkrankte Freundin)!*

b) *Danke in einem Brief deiner Tante (deinem Onkel, deinen Großeltern) für die Geburtstagswünsche und die Geschenke!*

c) *Entschuldige dich in einem Brief an einen Freund, daß du ihm das entliehene Buch so lange nicht zurückgegeben hast! Begründe dein Versäumnis!*

d) *Sende in einem Brief aus dem Schullandheim herzliche Grüße an deine Eltern und schildere ihnen ausführlich deine Erlebnisse und Eindrücke!*

e) *Verfasse im Namen deiner Eltern ein Entschuldigungsschreiben an den Klassenvorstand wegen deines Fernbleibens von der Schule! Nimm an, du hast 8 Tage wegen einer Grippe im Bett liegen müssen!*

Wie man Geschäftsbriefe und Briefe an Behörden abfaßt

76

Fredis Eltern suchen ein Urlaubsquartier in einem Bauernhof. Die Unterkunft soll ruhig und in einer waldreichen Gegend liegen, möglichst etwas abseits vom Ort. Wegen der Kinder wäre ein naher Badesee oder ein Schwimmbad wünschenswert. In einer Werbebroschüre findet Fredis Mutter einen Ort, der ihren Vorstellungen entspricht:

Aßling/Osttirol, 1 128 m

Unterkünfte: 6 Gasthöfe und 100 Privatzimmer. **Spaziergänge und Wanderungen:** Wals 5 Minuten entfernt, Scharbodenteich 1 Stunde, Lienzer Klause 1 Stunde. Höhenwanderung Aßling — Penzendorf — Bannberg 1½ Stunden. Wege eben. **Bergtouren:** Lienzer Dolomiten, Defregger Alpen. **Autoausflüge:** Großglockner (67 km), Kärntner Seen 100 km. Auskunft: Fremdenverkehrsverband, Berggasse 13, A-9911 Aßling/Osttirol.

Ausgedehnte Bergbauerngemeinde im Pustertal zwischen den Lienzer Dolomiten und den Defregger Alpen, mit den Dörfern St. Justina, Schrottendorf und Bannberg. **Sehenswert:** gotische Kirche St. Corbinian mit einem Michael-Pacher-Altar. **Verkehrslage:** Zufahrt über die Bundesstraße 100 zwischen Lienz und Sillian. Alle vier Orte ca. 3 km abseits der Bundesstraße. Bahnhaltestellen Thal und Mittenwald an der Drau der Linie Spittal — Millstätter See — Innichen. Autobusverbindung: Lienz — Thal — Aßling.

*Verfasse einen ähnlichen kurzen Text für einen Ortsprospekt! Beschreibe aber die Schönheiten und Vorzüge **deines** Heimatortes!*

77

Nach Beratung mit den übrigen Familienmitgliedern entscheidet sich Fredis Vater, an den Fremdenverkehrsverband Aßling zu schreiben und um Bekanntgabe von Adressen von Privatvermietern zu ersuchen:

Ferdinand Oberlehner
Schüttaustraße 18/6
1220 Wien

Wien, 10. April 19..

Fremdenverkehrsverband

Berggasse 13
9911 Aßling/Osttirol

Anfrage wegen Privatquartier

Da ich mit meiner Familie meinen diesjährigen Sommerurlaub in Aßling verbringen möchte, bitte ich Sie, mir Adressen von Zimmervermietern bekanntzugeben.
Ich suche für den Monat Juli zwei ruhig gelegene Zimmer mit Bad in einem Bauernhaus. Ideal wäre es, wenn sich in der Nähe ein Gasthaus mit guter Küche befinden würde.

Mit höflichem Gruß

Ferdinand Oberlehner

Ferdinand Oberlehner

*Verfasse eine ähnliche **Anfrage,** ersuche jedoch um die Adresse eines gut geführten Gasthauses, das Gäste in Vollpension nimmt!*

78

Schon wenige Tage später langt ein Ortsprospekt ein mit einem Plan, wo die einzelnen Häuser, deren Besitzer Zimmer vermieten, eingezeichnet sind. Fredis Eltern finden ein Bauernhaus, dessen Lage ihren Vorstellungen entspricht. Sein Vater schreibt daher an den Besitzer den folgenden Brief:

Ferdinand Oberlehner
Schüttaustraße 18/6
1220 Wien

Wien, 17. April 19..

Herrn
Alois Defregger

Oberweg 19
9911 Aßling/Osttirol

Anfrage wegen Zimmern

Sehr geehrter Herr Defregger!

Vom Fremdenverkehrsverband Ihres Ortes habe ich Ihre Adresse erhalten und erfahren, daß Sie Zimmer vermieten.
Da ich mit meiner Familie (zwei Erwachsene und zwei Kinder im Alter von 10 und 13 Jahren) meinen Urlaub auf einem Bauernhof in Aßling verbringen will, ersuche ich Sie, mir mitzuteilen, ob Sie für die Zeit vom 7. bis 30. Juli d. J. noch zwei Zweibettzimmer (möglichst mit Bad) frei haben.
Ich bitte Sie, mir auch bekanntzugeben, wie hoch der Zimmerpreis samt Frühstück und allen Abgaben ist.

Mit freundlichen Grüßen

Ferdinand Oberlehner

Ferdinand Oberlehner

Verfasse eine ähnliche Anfrage an einen Vermieter in dem Bergdorf Sibratsgfäll (Bezirk Bregenz) in Vorarlberg! Gewünscht wird ein Zimmer mit Balkon und Bad für den Monat August.

79

Der Vermieter antwortet freundlich und berichtet, daß die gewünschten Zimmer für die angegebene Zeit frei seien. Er schickt auch eine Ansichtskarte des Bauernhauses mit und erwähnt, daß er selbst drei Kinder habe, die fast im gleichen Alter stünden wie jene der zu erwartenden Gäste. Sie würden sich daher schon sehr auf Familie Oberlehner freuen und alles in ihren Kräften Liegende beitragen, daß sich diese in ihrem Hause wohl fühlen würde. Auf Wunsch könnten die Gäste auch vom Bahnhof abgeholt werden.

*Verfasse einen solchen **Antwortbrief**!*

80

Auf Grund der Zusage des Vermieters sendet Fredis Vater einen Brief ab, in dem er die Zimmer endgültig bestellt:

Ferdinand Oberlehner
Schüttaustraße 18/6
1220 Wien

Wien, 5. Mai 19..

Herrn
Alois Defregger

Oberweg 19
9911 Aßling/Osttirol

Zimmerbestellung

Sehr geehrter Herr Defregger!

Ich bin mit Ihrem Angebot einverstanden und bestelle fix für die Zeit vom 7. bis 30. Juli d. J. in Ihrem Haus zwei Zweibettzimmer mit Frühstück zu den angegebenen Bedingungen.
Ihr Angebot, uns vom Bahnhof Thal abzuholen, nehme ich gerne an. Die genaue Ankunftszeit werde ich Ihnen noch mitteilen.
Die Anzahlung in Höhe von S 2.000,-- habe ich heute an Sie überwiesen.

Mit freundlichen Grüßen

Ferdinand Oberlehner

Ferdinand Oberlehner

Verfasse eine ähnliche Bestellung in einem Gasthof für die Zeit vom 2. bis 16. Juli! Es wird Vollpension gewünscht.

81 → *L*

Unmittelbar vor Antritt der Reise gibt Fredis Vater ein **Telegramm** auf, in dem er den genauen Zeitpunkt der Ankunft des Zuges in der Station Thal bekanntgibt und um Abholung ersucht. Er verwendet dafür ein Telegrammformular der Post.

Gebühr	S	g
Endbetrag		

Angenommen:

Bitte beachten Sie die Rückseite!

TELEGRAMM-AUFGABEBLATT

MUSTER

Aufgabenummer

Aufgabeamt: ....

Übermittelt

an ....

....

am .... um ....

durch/Arbpl. ....

Wortanzahl	Aufgabedatum	Aufgabezeit	Dienstliche Hinweise

Dienstvermerke:

Name und Adresse des Empfängers:

....

....

Bestimmungsamt:

Text und Unterschrift:

....

....

....

....

....

....

Absender (die Angaben werden nicht mittelegraphiert):

Name und Adresse (Firmenstempel)

Fernsprechnummer ....

Verfasse den Text des Telegramms und trage ihn in das Formularmuster ein!

82

Wer in der Fremde übernachten will, muß für die Behörde (das Meldeamt der Gemeinde) einen **Meldezettel** ausfüllen.

MUSTER

Meldezettel

Bitte die Erläuterungen auf der letzten Seite beachten!

Unterkunft: .... Haus-Nr. ...., ... Stiege, ... Stock, Tür ....
(Straße, Gasse, Platz)

....
(Postleitzahl, Ortsgemeinde, Polit. Bezirk)

....
(Familienname [in Blockschrift])

....
(bei Frauen auch Mädchenname)

....
(Vorname[n]) (Staatsangehörigkeit)

....
(Geburtsdatum, Geburtsort, Polit. Bezirk, [Staat, falls Geburtsort nicht in Österreich])

Ist obige Unterkunft der ordentliche Wohnsitz?

Zutreffendes ankreuzen

JA ☐ In diesem Fall Angabe des **früheren** ordentlichen Wohnsitzes:

NEIN ☐ In diesem Fall Angabe des **gegenwärtigen** ordentlichen Wohnsitzes:

.... Haus-Nr. ...., ... Stiege, ... Stock, Tür ....
(Straße, Gasse, Platz)

....
(Postleitzahl, Ortsgemeinde, Polit. Bezirk)

Angemeldet am
(Amtsstampiglie, Unterschrift)

Abgemeldet am
(Amtsstampiglie, Unterschrift)

Raum für behördliche Eintragungen

Verzogen nach:

....
(Ortsgemeinde, Polit. Bezirk)

....
(Unterschrift d. Unterkunftgebers) (Unterschrift d. Meldepflichtigen)

Fülle das abgedruckte Formular aus und trage deine persönlichen Daten ein!

Die **Anordnung des Textes von Geschäfts- und Behördenbriefen** ist genormt.

Während private Briefe für gewöhnlich mit der Hand geschrieben werden, werden Geschäftsbriefe und Eingaben an Behörden fast ausnahmslos **maschingeschrieben**.

Für die Anordnung des Textes solcher Briefe gibt es **Richtlinien**, die du kennen und berücksichtigen solltest:

Als **Format** wird für Geschäftsbriefe und Behördenbriefe die Norm A4 (210 x 297 mm) gewählt, als Briefhülle zumeist Norm C6 (114 x 162 mm).

Die **Absenderangabe** hat mindestens 5 Zeilenschritte vom oberen Blattrand an der Fluchtlinie (10 Leerschritte vom linken Blattrand) zu beginnen. Die letzte Zeile ist in Länge der längsten Zeile zu unterstreichen.

Ort und **Datum** sind auf der Höhe der letzten Zeile der Absenderangabe zu schreiben.

Die **Empfängeranschrift** hat mindestens 5 Zeilenschritte nach der Absenderangabe zu beginnen.

Die **Betreffangabe** hat mindestens 5 Zeilenschritte nach der Empfängeranschrift zu beginnen. Sie wird unterstrichen.

Wenn eine **Anrede** verwendet wird, hat sie mindestens 3 Zeilenschritte nach der Betreffangabe an der Fluchtlinie (linker Rand) zu beginnen.

Der **Text** wird einzeilig geschrieben. Er beginnt an der Fluchtlinie. Jeder Absatz beginnt 2 Zeilenschritte nach dem vorherigen Text — ebenfalls an der Fluchtlinie (keine Einrückungen!).

Die **Grußformel** beginnt 2 Zeilenschritte nach der letzten Textzeile an der Fluchtlinie oder in der Schreibraummitte.

Es wird **handschriftlich unterschrieben** und evtl. darunter der Name nochmals mit der Maschine angeführt.

Der **Beilagenvermerk** beginnt 2 Zeilenschritte nach der maschinschriftlichen Angabe des Namens in der Fluchtlinie und wird unterstrichen.

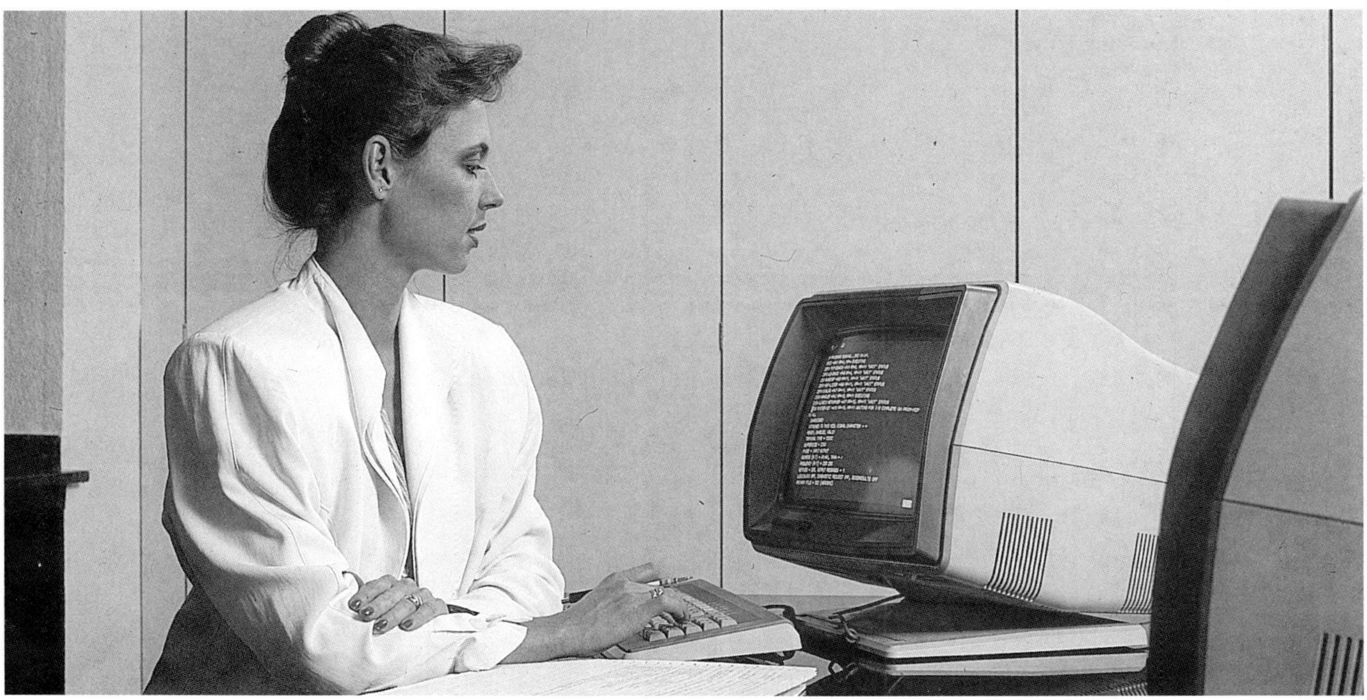

*83

Briefe, die sich an Behörden richten, bezeichnet man als **Eingaben**. Dazu zählen **Meldungen, Anzeigen, Ansuchen, Anträge** ebenso wie **Berufungen** und **Beschwerden**.

In vielen Fällen gibt es für Eingaben von den Behörden ausgegebene **Vordrucke (Formulare)**. Wenn es sich um individuelle Mitteilungen handelt, muß jedoch ein Brief an die Behörde geschrieben werden.

Beispiele:

a)

Franz Steiger
Hauptstraße 10
2392 Sittendorf

Sittendorf, 18. Oktober 19..

Bezirksschulrat des
Bezirkes Mödling

Bahnhofplatz 1
2340 Mödling

Ansuchen um Beurlaubung eines Schülers

Ich ersuche Sie, meinen Sohn Konrad Steiger, Schüler der 3. Klasse der Hauptschule in der Jakob-Thoma-Straße 20, für die Zeit vom 6. bis 20. November d. J. vom Unterricht zu beurlauben.

Begründung: Ich bin im Gastgewerbe tätig und bekomme nur außerhalb der Fremdenverkehrssaison Urlaub. Da ich meinen Urlaub mit meiner Familie in Teneriffa verbringen möchte und für meinen Sohn für diese Zeit keine Aufsichtsperson gefunden habe, müssen wir ihn mitnehmen.

Konrad wird sich alle Mühe geben, das Versäumte so rasch wie möglich nachzuholen.

Mit höflichem Gruß

Franz Steiger

Franz Steiger

Beilage
Urlaubsbestätigung

b)

Friedrich Schleinzer
Sinaigasse 16
1220 Wien

Wien, 20. Juli 19..

Polizeikommissariat Donaustadt

Wagramer Straße 89
1220 Wien

Anzeige wegen Lärmbelästigung

Im Hause Moissigasse 12, 1. Stock, links, wird täglich bei offenem Fenster bis nach 23 Uhr ein Plattenspieler oder Kassettenrecorder so laut aufgedreht, daß die Bewohner der Nachbarschaft unmöglich schlafen können. Aus Notwehr steigern auch die anderen Bewohner der Moissigasse die Lautstärke ihrer Fernseh- oder Radioapparate, sodaß ein wahrer Höllenlärm entsteht und einer den anderen zu übertönen sucht.

Ich bitte Sie, diesen Unfug so bald wie möglich abzustellen.

Hochachtungsvoll

Friedrich Schleinzer

Friedrich Schleinzer

Briefe an Behörden müssen ebenso knapp und sachlich abgefaßt werden wie Geschäftsbriefe. Dabei wird gleich mit der Darstellung der Sachlage begonnen. Wenn erforderlich, folgt eine kurze Begründung.
Wenn keine Anrede verwendet wird (weil die angesprochene Person dem Absender unbekannt ist), darf auch die Grußformel am Schluß wegfallen. (Weitere Beispiele für Geschäfts- und Behördenbriefe siehe Übungen 39 b, 43 und Lösung 66.)

Aufgaben:

a) *Verfasse einen Beschwerdebrief an die Hausverwaltung wegen Beschmutzung des Stiegenhauses durch Hunde!*

b) *Beantrage bei der Gemeindeverwaltung die Fällung eines alten, morschen Alleebaumes, der vor deinem Haus auf der Straße steht, da die Gefahr besteht, daß der Baum bei einem Sturm umfällt und Sachschaden verursacht!*

Wie Inserate, Bewerbungsschreiben und Lebensläufe abgefaßt werden

84

Monika (15) sucht eine Lehrstelle. Dafür gibt es verschiedene Möglichkeiten: Sie kann sich an das Arbeitsamt für Jugendliche wenden, das ihr eine Lehrstelle zu vermitteln versucht, sie kann aber auch auf ein Inserat (eine Zeitungsanzeige) in einer Tageszeitung antworten und sich um eine angebotene Lehrstelle bewerben oder selbst ein Inserat aufgeben.
Monikas Vater wählt den letztgenannten Weg und verfaßt folgenden Text für ein Zeitungsinserat:

Lehrstelle als Verkäuferin

in Lebensmittelgeschäft für 15jähriges Mädchen gesucht. Gute Umgangsformen, gute Rechnerin; Abschlußzeugnis der HS und des PL.

Zuschriften an Hermann Baum, Postfach 76, 9020 Klagenfurt.

Verfasse einen ähnlichen Inseratentext für deine persönlichen Verhältnisse!

Am Anfang eines **Inserates** soll in Fettdruck (Blickfang!) das Wichtigste genannt werden.
Wie beim Telegramm darf hier eine ganz kurze Ausdrucksform gewählt werden, da Inserate nach der Anzahl der Wörter bezahlt werden müssen. Achte jedoch auf gedankliche und sprachliche Richtigkeit!

85

Konrad hat in einer Zeitung das folgende Inserat gelesen, und da er in der Nähe von Birkfeld wohnt, bewirbt er sich um die ausgeschriebene Lehrstelle:

Lehrling gesucht!

Hauptschulabschluß, technisch interessiert, fleißig und ehrlich. Schriftliche Bewerbungen mit Lebenslauf an Fa. Haager, Autoreparatur — Autohandel, 8190 Birkfeld/Steiermark.

Sein **Bewerbungsschreiben** lautet folgendermaßen:

Konrad Lehner
Hauptstraße 8
8654 Fischbach

Fischbach, 8. Juli 19..

Firma
Haager
Autoreparatur - Autohandel

Roseggerstraße 8
8190 Birkfeld

Bewerbung um Lehrstelle

Sehr geehrter Herr Haager!

Aus Ihrem Inserat in der Kleinen Zeitung vom 5. Juli 19.. ersehe ich, daß Sie einen Lehrling suchen.
Da ich technisch interessiert bin und sowohl die Hauptschule wie auch den Polytechnischen Lehrgang mit Erfolg abgeschlossen habe, bewerbe ich mich um die Lehrstelle eines Kraftfahrzeugmechanikers. Bei einer Betriebsbesichtigung wurde mein Interesse an diesem Beruf geweckt. Meine Eltern sind mit meinem Berufswunsch einverstanden.

Wie Sie aus den Noten der beigelegten Zeugnisse ersehen können, war ich sowohl in der Hauptschule wie auch im Polytechnischen Lehrgang ein fleißiger Schüler. Daß ich ehrlich bin, können Ihnen meine ehemaligen Lehrer ebenso wie alle anderen Leute, die mich kennen, bestätigen.

Bitte geben Sie mir Gelegenheit, mich bei Ihnen vorzustellen. Ich werde mich sehr bemühen, Ihre Erwartungen zu erfüllen.

Mit freundlichen Grüßen

Konrad Lehner

Konrad Lehner

Beilagen
1 Lebenslauf
2 Zeugniskopien

Wer sich schriftlich um eine (Lehr)stelle bewirbt, wirbt für sich selbst. Er sollte daher trachten, einen guten Eindruck zu machen. Lobe dich nicht selbst, führe jedoch alle nachweisbaren Tatsachen an!
Eine weitere Voraussetzung für den Erfolg des **Bewerbungsschreibens** ist, daß es **sprachlich richtig** abgefaßt ist und **keine Rechtschreibfehler** vorkommen.
Verfasse das Bewerbungsschreiben **sachlich**! Ein vertraulicher Ton ist fehl am Platz.
Als **Anrede** verwende den Namen der Firma bzw. jenen des Inhabers! Wenn dieser nicht bekannt ist, schreibe P. T. (pleno titulo = mit „vollem Titel").
Man leitet Bewerbungsschreiben für gewöhnlich damit ein, daß man sich auf eine Aufforderung oder eine Anzeige, eine Empfehlung bezieht.
Danach folgt im **Hauptteil** die eigentliche Bewerbung mit den Angaben über die gegenwärtige Beschäftigung bzw. die Schulbildung, die Kenntnisse, die bisherigen Erfahrungen.
Einzelheiten über Herkunft, Alter, Familienstand, Ausbildung und bisherige Stellungen verrät der beizulegende (handgeschriebene) Lebenslauf.
In kundenorientierten Berufen (Kellner, Verkäuferin u. dgl.) ist es zweckmäßig, dem Bewerbungsschreiben auch ein **Lichtbild** beizulegen.

Suche dir aus der Tageszeitung ein Angebot, das deinem tatsächlichen Berufswunsch entspricht! Dann verfasse ein Bewerbungsschreiben!

86

In einem Export-Import-Handelsunternehmen wird ein weiblicher Bürolehrling gesucht. Verlangt werden gute Rechtschreibung, Grundkenntnisse aus Maschinschreiben und Englisch sowie gefälliges Aussehen. *Verfasse ein Bewerbungsschreiben!*

87 → *L*

***Verbessere** die folgenden Sätze aus Briefen:*
Beiliegend sende ich Ihnen meinen Lebenslauf.
Ihr Allerwertestes habe ich erhalten und teile Ihnen mit, daß ich mich gerne bei Ihnen vorstellen möchte.
Ihr geschätztes Schreiben vom . . .
Die Preise haben eine Erhöhung erfahren.
Ich warne jedermann, meinem Sohn nichts zu borgen.
Da die schlechte Geschäftslage, welche in häufigen Zahlungseinstellungen zum Ausdruck kommt, andauert, sehen wir uns leider genötigt, Sie um eine Verlängerung der Zahlungsfrist zu ersuchen.
In dem neuen Geschäft werden Knabenanzüge von acht bis zwölf Jahren verkauft.
Der Kaufmann überfloß vor Liebenswürdigkeit.
Die Sendung ging gestern an Sie ab, und hoffen wir Sie bereits im Besitz derselbigen.

88

In den meisten Fällen wird einem Bewerbungsschreiben auch ein **handgeschriebener Lebenslauf** beigelegt. Das ist ein Bericht, der Auskunft über deine Herkunft und dein bisheriges Leben geben soll. *Beim Abfassen des Lebenslaufes vergiß nicht, daß man sich auf Grund deiner Schrift, deiner sprachlichen Gewandtheit und deiner Rechtschreibung bereits ein erstes Urteil bildet, das über den Erfolg der Bewerbung mitentscheidet!*

Ein **Lebenslauf** soll folgende **Angaben** enthalten:

1. Herkunft: Geburtsdatum, Geburtsort, Name und Beruf der Eltern, Anzahl der Geschwister, Staatsbürgerschaft.
2. Familienverhältnisse: ledig, verheiratet, geschieden; Kinderzahl.
3. Schulbesuch: Pflichtschulen, weiterführende Schulen, Lehrabschlußprüfung oder sonstige Prüfungen.
4. Lehre: Wo? Wann? Spezialausbildung.
5. Besondere Fähigkeiten und Kenntnisse: Fremdsprachen, Führerschein, Maschinschreiben, Stenographie, EDV-Kenntnisse[1] u. dgl.
6. Besondere Interessen.

Schreibe den Lebenslauf sachlich und richtig!
Erwachsene können Angaben über ihre Eltern weglassen, Jugendliche Angaben über die Familienverhältnisse. Der Lebenslauf kann auch in Stichworten abgefaßt werden.

[1] Kenntnisse in elektronischer Datenverarbeitung

Sieglinde (15) will Säuglingsschwester werden. Sie bewirbt sich um die Aufnahme in die Schwesternschule der Gemeinde Wien. Ihrem Ansuchen legt sie den folgenden handgeschriebenen **Lebenslauf** bei:

Sieglinde Unterweger
Brestelgasse 18/3
1160 Wien

Wien, 8. Juli 19..

Lebenslauf

Ich wurde am 17. Mai 19.. als zweites von den drei Kindern des Adolf Unterweger und seiner Gattin Berta in St. Pölten geboren.
Mein Vater ist Versicherungsangestellter, meine Mutter leitet ein Lebensmittelgeschäft.
Die vier Klassen der Volksschule besuchte ich in St. Pölten, anschließend absolvierte ich die Hauptschule. In Mathematik war ich zuletzt in der ersten Leistungsgruppe, in Deutsch und Englisch in der zweiten. Nach der vierten Klasse trat ich in den Polytechnischen Lehrgang in Wien 20 ein, da meine Eltern inzwischen nach Wien übersiedelt waren.
Ich habe das Wahlpflichtfach Kinder- und Hauskrankenpflege besucht und an dem Freigegenstand Maschinschreiben teilgenommen. Meine Schulleistungen sind aus dem Entlassungszeugnis der Hauptschule und dem Zeugnis des Polytechnischen Lehrganges zu ersehen. Kopien der Zeugnisse habe ich dem Aufnahmeansuchen beigelegt.
Ich betreibe viel Sport (Schwimmen, Schilaufen, Radfahren) und bin geistig und körperlich gesund.
Meine besondere Liebe gilt kleinen Kindern. Ich will daher Säuglingsschwester werden.

Sieglinde Unterweger

Schreibe deinen eigenen Lebenslauf sachgerecht auf!

Wie mit Texten Rechtsverhältnisse geregelt werden können

89

Damit Vereinbarungen verläßlich eingehalten werden und der Vertragspartner weiß, wozu er berechtigt und/oder verpflichtet ist, gibt es **Verträge**.

Der erste Vertrag, den du wahrscheinlich unterschreiben wirst, ist der **Lehrvertrag**. Andere Vertragsarten sind der Anstellungs- bzw. Arbeitsvertrag, der Leihvertrag, der Kaufvertrag, der Mietvertrag.

In vielen Fällen wird von den Vertragspartnern ein gedrucktes **Formular** benützt, wie es das nebenstehende Beispiel zeigt:

Die Unterzeichneten schließen auf Grund des Berufsausbildungsgesetzes, BGBl. Nr. 142/69 in der geltenden Fassung, folgenden

LEHRVERTRAG

1. LEHRBERECHTIGTER: Kammermitglieds-Nr.: Fachgruppen-Nr.:

Familien- und Vorname bzw. Firma (laut Handelsregister)

Wohnanschrift bzw. Sitz der Firma

Postleitzahl Ort Telefonnummer

Standort der Betriebsstätte(n),

in der (denen) der Lehrling ausgebildet wird

Postleitzahl Telefonnummer

Gegenstand des Betriebes (Gewerbeberechtigung), bei Handelsbetrieben auch Fachrichtung(en)

Vertretungsbefugt (z. B. gewerberechtlicher Geschäftsführer):

Familien- und Vorname Postleitzahl Wohnanschrift

Ausbilder: Familien- und Vorname

Ausbildungsleiter: Familien- und Vorname

2. LEHRLING: Familien- und Vorname geboren am in

wohnhaft in: Postleitzahl Wohnort Straße, Nummer Staatsbürgerschaft

Schulbildung: Art der zuletzt besuchten Schule Abgangsklasse/Schulstufe laut letztem Zeugnis

3. GESETZLICHE(R) VERTRETER:

Vater: Familien- und Vorname

Postleitzahl Wohnort Telefonnummer

Straße, Nummer

Mutter: Familien- und Vorname

Postleitzahl Wohnort Telefonnummer

Straße, Nummer

Vormund: Familien- und Vorname Postleitzahl Wohnort Straße, Nummer Telefonnummer

Geschäftszahl des Vormundschaftsdekretes:

4. LEHRBERUF(E):

Dauer der Lehrzeit: .... Jahre

5. LEHRZEITBEGINN: bei obigem Lehrberechtigten

LEHRZEITENDE: Datum, einschließlich

Unterschrift des Lehrlings

gesetzlicher Vertreter

Ort und Datum des Vertragsabschlusses

Unterschrift des Lehrberechtigten

Fülle das Vertragsformular aus!

90

Eine andere häufige Vertragsart ist der **Leihvertrag**:

Leihvertrag

zwischen Marie Silberfaden, wohnhaft in 1010 Wien, Bäckerstraße 18/10, und Albert Kräutner, wohnhaft in 1120 Wien, Margaretenstraße 117

Frau Marie Silberfaden stellt hiermit Herrn Albert Kräutner einen Personal Computer, Marke Brother, Modell CE 26, für drei Monate leihweise und unentgeltlich zur Verfügung.
Herr Albert Kräutner verpflichtet sich, den Computer nach Ablauf der Entlehnzeit, das ist spätestens am 1. September 19.., unbeschädigt und betriebsbereit Frau Marie Silberfaden zurückzubringen. Für etwaige Schäden oder Reparaturen während dieser Zeit kommt Herr Albert Kräutner auf.

Wien, 30. Mai 19..

Marie Silberfaden | Albert Kräutner

Marie Silberfaden | Albert Kräutner

Ein **Leihvertrag** muß folgende **Angaben** enthalten:

- Name und Anschrift des Entlehners
- Name und Anschrift des Verleihers
- genaue Bezeichnung und Beschreibung des Gegenstandes, der verliehen wird
- Angaben über die Entlehnfrist
- Angaben über eine eventuelle Leihgebühr
- Angaben über Ort und Datum der Vereinbarung
- Unterschriften der Vertragspartner

Verfasse einen Leihvertrag, aus welchem hervorgeht, daß du dir von einer Dame ein Klavier, Marke Bösendorfer, Fabrikationsnummer . . ., für ein Jahr gegen eine Leihgebühr von 100 S monatlich, zahlbar im voraus, ausgeliehen hast!
Die Transportkosten werden vom Entlehner getragen.

91

Auch mit einem **Schuldschein** wird ein Vertragsverhältnis dokumentiert.

Der Schuldschein ist eine Urkunde über einen Darlehensvertrag. Er beweist, daß jemand (der Schuldner) von einem anderen (dem Gläubiger) Geld (ein Darlehen) entlehnt hat. Wird die Schuld getilgt, das Geld also zurückgezahlt, ist der Gläubiger verpflichtet, dem Schuldner den Schuldschein zurückzugeben und über den erhaltenen Betrag eine Quittung auszustellen.

Beispiel:

Wolfgang Berger
Hafenstraße 13
4010 Linz

Linz, 2. Dezember 19..

Schuldschein

Ich bestätige, am heutigen Tag von Herrn Franz Baumann, Honauerstraße 24/17, 4020 Linz, den Betrag von S 10.000,-- (zehntausend Schilling) für zwei Jahre geliehen bekommen zu haben.

Ich verpflichte mich, dieses Darlehen einschließlich acht Prozent Zinsen pro Jahr, beginnend mit dem heutigen Tag, bis zum 1. Dezember 19.. an Herrn Franz Baumann zurückzuzahlen. Die Zinsen werden jeweils nach Ablauf eines Jahres fällig.

Wolfgang Berger
Wolfgang Berger

Ein **Schuldschein** muß folgende **Angaben** enthalten:

- Name und Anschrift des Gläubigers
- Name und Anschrift des Schuldners
- Angaben über die Höhe des Darlehens bzw. über die Art der Schuld
- alle vereinbarten Bedingungen hinsichtlich der Rückzahlung und der Verzinsung
- Unterschrift des Schuldners
- Ort und Datum der Ausstellung des Schuldscheins

Nimm an, Herr Karl Nack, wohnhaft in 6020 Innsbruck, Berg-Isel-Straße 3, hat am 2. Jänner 19 . . von Herrn Ferdinand Gruber, Schneidermeister in 6010 Innsbruck, Andreas-Hofer-Straße 18, ein Darlehen von 12 000 S auf ein Jahr erhalten! Er verpflichtet sich, das Darlehen vom folgenden Monatsersten an in Raten zu 1 000 S monatlich an den Gläubiger zurückzuzahlen und am Schluß zusammen mit der letzten Rate noch 7% Zinsen vom geliehenen Betrag zu bezahlen. Die Bezahlung erfolgt durch Überweisung auf das Konto des Gläubigers.
Verfasse einen solchen Schuldschein!

92

Nicht immer kann man alles persönlich erledigen. In diesem Fall wird eine Person des Vertrauens schriftlich bevollmächtigt, für den Auftraggeber zu handeln.
Die **Vollmacht** erlischt durch Widerruf oder durch die Rückgabe an den Auftraggeber.
Eine Vollmacht sollte zweifach ausgefertigt werden, auf dem Exemplar des Auftraggebers ist der Empfang der Vollmacht durch den Bevollmächtigten zu bestätigen.

Eine **Vollmacht** muß folgende **Angaben** enthalten:

- den Namen und die Anschrift des Auftraggebers
- den Namen und die Anschrift des Beauftragten (evtl. Art und Nummer des Ausweises)
- die genaue Beschreibung des Auftrages
- den Ort und das Datum der Ausstellung
- die eigenhändige Unterschrift des Auftraggebers

Margit Berger
Feldkircher Straße 18
6900 Bregenz

Bregenz, 23. März 19..

Vollmacht

Ich bevollmächtige Frau Grete Häfele, Rheinstraße 65, 6901 Bregenz, welche sich mit dem Reisepaß Nr. P 07456338, ausgestellt von der Bundespolizeidirektion Bregenz, ausweisen kann, während meiner Abwesenheit, das ist bis zum 1. Mai 19.., alle für mich einlangenden Postsendungen entgegenzunehmen.

Margit Berger

Margit Berger

Verfasse eine ähnliche Vollmacht! Denke dir Einzelheiten dazu selbst aus!

Mit Texten Stellung nehmen (argumentieren)

Wie Bücher, Filme und Theateraufführungen kritisch besprochen werden können

93

Sabine (14) darf sich zum Geburtstag ein Buch wünschen. In einer Jugendzeitschrift informiert sie sich über Neuerscheinungen.
Dort findet sie auch die folgende **Buchbesprechung**:

Lotte Betke: „Anneke im Vogelbaum"
(Klopp-Verlag, Berlin)

Im Mittelpunkt dieser lesenswerten Umweltgeschichte steht das flämische Bauernmädchen Anneke, das Vögel über alles liebt. Seine leidenschaftliche Anteilnahme wird von seiner Dorfschullehrerin noch vertieft. Diese setzt sich seit Jahren dafür ein, daß der nur noch in Italien und Flandern gepflogene grausame Vogelfang mit Netzen und Leimruten aufhört. Anneke will mit ihren Freunden unbedingt etwas unternehmen, doch als es darauf ankommt, lassen sie alle im Stich. Deshalb zerschneidet sie allein in der Nacht das Fangnetz ihres Bruders und flüchtet dann verzweifelt in den Wald, wo sie in seltsamer Verwirrung den Zauberbaum mit dem Vogelkönig zu finden hofft. Sie hat schon oft von ihm geträumt. Ehe Anneke heimkehrt, müssen sich manche Leute im Dorf, große und kleine, um eine tiefere Einsicht bemühen . . .
Die mit bezaubernden Einfällen aufgelockerte Handlung ist in einer klaren, schönen Sprache geschrieben. Obwohl es sich um ein ernstes Thema handelt, werden die Menschen lebendig und humorvoll charakterisiert. Trotz der Einfachheit der Geschichte wird einem beim Lesen des ansprechend illustrierten Buches richtig warm ums Herz. Das Buch kann Jugendlichen, besonders Mädchen, ab 13 Jahren empfohlen werden.

Verfasse ebenfalls eine Buchbesprechung, z. B. in Form eines Briefes an eine Freundin in einem anderen Bundesland! Empfiehl ihr darin ein Buch, das du vor kurzem gelesen hast und das dir gut gefallen hat!

Wenn du ein **Buch besprechen** willst, kannst du dich durch folgende **Fragen** leiten lassen:

1. Um welche **Gattung** handelt es sich bei dem Buch (z. B.: Tierbuch, Sachbuch, Abenteuerroman)?
2. Was ist der **Inhalt des Buches**? Beschreibe kurz die Handlung, die Personen, die Örtlichkeiten und die Fragen, die aufgeworfen werden!
3. Was will der Schriftsteller mit dem Buch ausdrücken? Welche **Absicht** verfolgt er? Welche Probleme werden behandelt?
4. Wie ist das Buch **aufgebaut**? Ist es spannend, humorvoll, verständlich geschrieben?
5. Wie ist die **Aufmachung des Buches** (Illustration, Druck, Papier, Einband)?
6. Wem kann man das Buch empfehlen? Wie ist dein **persönlicher Eindruck**, die Wirkung auf den Leser?

94

*Der folgende Text ist eine **Filmbesprechung**. Stelle die charakteristischen Merkmale dieser Textsorte fest!*

„Namu, der Raubwal" (Regie: Laslo Benedek)

Ist der große Raubwal, den der Meeresforscher Hank in seiner Bucht gefangenhält, eine mörderische Bestie oder nicht? Diese Frage bewegt die Fischer der Umgebung und ihre Familien, da sie um ihren Lachsfang fürchten, falls der Raubwal das Sperrnetz in der Bucht zerreißt. In einer dramatischen Aktion, bei welcher ein kleines Mädchen und dessen mutige Mutter dem Forscher helfen, kann Hank seinen Namu — so wurde das Tier inzwischen genannt — vor dem Erschossenwerden bewahren und die Fischer von der Gutmütigkeit des Wales überzeugen. Denn Namu greift niemals sinnlos Menschen oder Tiere an, er jagt — wie viele andere Raubtiere — nur, um sich zu ernähren.
Dieser spannende und auch wissenschaftlich hochinteressante Film verwendet keine faulen Tricks, um die Illusion einer unmöglichen Kameradschaft zwischen Mensch und Tier zu schaffen. Es handelt sich hier um einen wirklich gezähmten Raubwal, dem die Darsteller des Films Fischstücke in den Rachen warfen, ohne die scharfen Zähne des haifischähnlichen Tieres zu fürchten, auf dem sie reiten konnten, ohne mit einem Angriff rechnen zu müssen; der Wal betrachtete die Menschen offensichtlich als Spielgefährten. Daß ein Raubwal große Intelligenz besitzen muß, läßt sich aus dem

Umfang und der Anlage seines Gehirns ableiten; darüber hinaus werden in diesem Streifen keine halb- oder unwissenschaftlichen Behauptungen aufgestellt. Die vielfältigen Laute, die Namu von sich gab, lassen verschiedene Deutungen zu. Der Meeresforscher glaubte fest daran, daß der Wal Schmerz, Freude und vielleicht noch andere Dinge ausdrücken wollte. Doch bleibt es letztlich dem Zuschauer überlassen, was er von all dem halten will.

Dieser Tierfilm besticht durch seine schöne, herb wirkende Farbphotographie, eine geschickte Handlungsführung, welche die Anteilnahme des Zuschauers herausfordert, und gute schauspielerische Leistungen. Die eindrucksvolle Filmmusik — die Ballade von Namu, dem Raubwal — bleibt noch lange im Gedächtnis.

Christl Schöfmann

Auch du solltest einmal versuchen, einen Film zu besprechen. Im Fernsehen werden viele gezeigt. Schicke deine kritische Besprechung dann an die Fernsehanstalt!
Du kannst dabei folgendermaßen vorgehen:

1. Kennzeichne die **Art des Films** (Lustspiel, Kriminalfilm, Expeditionsfilm u. dgl.)!
2. Berichte knapp über den **Inhalt des Films**!
3. Schreibe anschließend deine Gedanken über das **Thema des Films**, über die im Film angesprochenen Probleme und ihre Lösung nieder! Deute auch die **Aussageabsichten des Drehbuchautors bzw. des Regisseurs** an!
4. Kritisiere die **Gestaltung des Films**, die Regie, die Kameraführung, das Spiel der Darsteller!
5. Teile dem Leser deinen **persönlichen Eindruck** mit! Gib evtl. an, ob und wem der Film empfohlen werden kann!

95

Franz (14) will sich gemeinsam mit seinen Eltern eine Aufführung des Stückes „Der Alpenkönig und der Menschenfeind“ von Ferdinand Raimund ansehen.
Damit er der Handlung besser folgen kann, lassen ihn seine Eltern die folgende **Theaterkritik** aus einer Tageszeitung lesen:

Ein Rappelkopf wird vernünftig

Zur Aufführung von Raimunds „Der Alpenkönig und der Menschenfeind“ in unserem Stadttheater

Ein romantisch-komisches Märchen nannte Ferdinand Raimund dieses 1828 entstandene Stück, in dessen Mittelpunkt der durch viele Enttäuschungen zum Menschenfeind gewordene reiche Rappelkopf steht. Er tyrannisiert seine Frau Sophie und seine Tochter Malchen und quält seine Dienerschaft. Als Malchen im Wald ihrem geliebten August, einem Maler, klagt, daß ihr Vater einer Heirat mit ihm nicht zustimmt, wird sie von dem als Jäger verkleideten Alpenkönig Astralagus belauscht. Dieser verspricht dem Paar seine Hilfe. Er werde den alten Rappelkopf von seinem Wahn heilen. Dabei wendet er zauberische Mittel

an. Er überredet Rappelkopf, sich in den Bruder seiner Frau, den Bankier Silberkern, verwandeln zu lassen, während der Alpenkönig selbst die Gestalt und das Wesen Rappelkopfs annimmt. So erlebt dieser, wie unerträglich er selber ist und daß ihn seine Frau wirklich liebt. Als ihm durch einen Brief gemeldet wird, daß er sein Vermögen verloren habe, fällt er in Ohnmacht. Im Tempel der Erkenntnis findet er sich später wieder in seiner wahren Gestalt und kehrt, reuevoll gewandelt, in sein Haus zurück. Malchen darf ihren August heiraten.
Wenn das Stück auch in einem märchenhaften Rahmen spielt, Menschen wie den alten Rappelkopf gibt es auch in unserer Zeit. Daher ist das Stück auch heute noch sehenswert, besonders wenn es so meisterhaft gespielt wird wie von Robert Winter (Rappelkopf), Christl Eigner (Malchen), Kurt Franke (August). Der Regisseur Karl Rohmer hat viele zeitgenössische Gags[1] eingebaut und ein Bühnenbild frei von biedermeierlichem Kitsch gestalten lassen. Eine sehenswerte Aufführung!

[1] überraschende, witzige Einfälle

Wenn du Gelegenheit hast, ein Theaterstück zu sehen, versuche auch du, es kritisch zu besprechen!
*Die folgenden **Ratschläge** können dir dabei helfen:*

1. Gib zuerst an, um welches Stück es sich handelt und was die **Problematik** (das **Hauptanliegen**) **des Stückes** ist!
2. Danach informiere den Leser kurz über den **Inhalt**!
3. In einem weiteren Absatz kannst du über die **Gestaltung des Stoffes** schreiben (Aufbau, Handlungshöhepunkte, Sprache).
4. Beurteile anschließend kurz die **Leistung der Schauspieler und des Regisseurs** sowie die Bühnenbilder und die Kostüme!
5. Schließlich gib deinen **persönlichen Eindruck** von der Aufführung wieder!

Du kannst zu diesen Gesichtspunkten auch in einer anderen Reihenfolge schreiben.

Wie zu widersprüchlichen Meinungen schriftlich Stellung genommen werden kann

96

Der Klassensprecher der 4 c ist zurückgetreten. Die Schüler dieser Klasse wollen einen neuen Klassensprecher wählen. Einer schlägt Patrick vor. Doch dieser zögert, dieses „Amt" anzunehmen, und ersucht um Bedenkzeit. Er will zuerst mit den Schülern, die bereits einmal Klassensprecher waren, über ihre Erfahrungen reden.

Dabei macht er sich Notizen und schreibt sich **Argumente**[1] auf, die dafür sprechen, und solche, die dagegen sprechen:

Pro-Argumente (Gründe, die dafür sprechen)	Kontra-Argumente (Gründe, die dagegen sprechen)
Der Klassensprecher ist der Vertreter der Mitschüler und trägt ihre Anliegen den Lehrern, dem Schulleiter und den Eltern vor. Er ist die Vertrauensperson der Schüler und der Lehrer. Er gibt Vorschläge, Ideen, Wünsche der Schüler an die Bezugspersonen weiter. Er vertritt die Klasse nach außen hin. Er arbeitet als Berater und Helfer mit den Lehrern zusammen für die Schüler und die Schule. Dadurch wird ein echtes Demokratieverständnis entwickelt.	Der Klassensprecher ist ohne wichtige Aufgabenbereiche, er ist nur Aufpasser und der „Hilfspolizist" der Lehrer. Er kann kaum eigene Ideen innerhalb der Klasse oder der Schule in die Tat umsetzen. Er wird von Schülern und Lehrern nicht ernst genommen, hat keine Autorität. Er ist der Sündenbock für alle Vorfälle in der Klasse. Er muß nur Beschwerden an die Lehrer weitergeben bzw. von ihnen entgegennehmen. Er besitzt keine Entscheidungskraft.

Diese Argumente versucht er dann durch Beispiele zu belegen. Danach verfaßt er eine schriftliche Stellungnahme zu dem Thema „Meine Meinung über das Amt des Klassensprechers". Den Text, in dem er auch über seine Ziele schreibt, liest er dann seinen Mitschülern vor, damit sie darüber abstimmen, ob sie ihn trotzdem wählen sollen.

Verfasse ebenfalls eine Stellungnahme zu der Frage, welche Aufgaben dem Klassensprecher zukommen! Gib am Schluß deine persönliche Meinung bekannt und berichte darüber, wie du als Klassensprecher handeln würdest!

97 → L

Die Klassenvertreter des Gymnasiums in Mödling diskutieren unter dem Vorsitz des Schulsprechers, ob sie eine Schülerzeitung herausgeben sollen oder nicht. Sie beschließen, daß jeder vorerst **schriftlich** zu dieser Frage **Stellung nehmen** soll.

Erich, der Sprecher der 5 a, hat sich alles notiert, was ihm dazu eingefallen war, und die einzelnen Punkte dann in einer **Gliederung** geordnet:

[1] Beweisgründe

Sollen wir eine Schülerzeitung herausgeben?

A) Einleitung:

Die Klassensprecher aller Klassen schlagen vor, eine Schülerzeitung herauszugeben.

Überleitung: Die Zeitung würde begrüßt werden.

B) Hauptteil:

I. Argumente für die Herausgabe einer Schülerzeitung:

1. Wir wollen lesen, was unsere Generation schreibt.
2. Wir wollen darin ungehindert Kritik üben.
3. Die Zeitung erzieht zur Toleranz[1].
4. Sie ist ein Mitteilungsblatt und Sprachrohr der Schüler.
5. Durch die Mitarbeit wird der Zusammenhalt in der Schule gefördert.
6. Die Zeitung stärkt das Zusammengehörigkeitsgefühl.

Überleitung: Es gibt bei der Herausgabe Schwierigkeiten.

II. Argumente gegen die Herausgabe der Schülerzeitung:

1. Sachliche Schwierigkeiten
   a) Es gibt finanzielle Schwierigkeiten, wenn die Zeitung nicht von vielen Schülern gekauft wird.
   b) Der Druck oder die Vervielfältigung sind zu schwierig. Es fehlen die erforderlichen Geräte.

2. Personelle Schwierigkeiten
   a) Die Mitarbeiter müssen gute Schüler sein.
   b) Die Artikelschreiber haben damit zu rechnen, daß sie ihre schulische Lernarbeit vernachlässigen werden.
   c) Die Redakteure brauchen einen Erwachsenen als Berater.

Überleitung: Die Gegenargumente sind stärker als die Argumente, die für die Herausgabe sprechen.

III. Lösungsvorschlag:

1. Statt einer Zeitung soll das Schwarze Brett mehr als bisher benutzt werden.
2. Von Zeit zu Zeit kann ein Mitteilungsblatt, mit einfachen Mitteln vervielfältigt, herausgegeben werden.

C) Schluß:

Später kann der Plan noch einmal besprochen werden.

Versuche nach dieser Gliederung eine zusammenhängende Stellungnahme abzufassen!
Beachte dabei die folgenden ***Ratschläge****:*

- Wenn du zu einem Problem (einer Behauptung) schriftlich Stellung nehmen willst, mußt du dich zuerst über alle mit dem Thema zusammenhängenden Fragen **informieren**. Lies in Büchern über die Sache nach oder befrage Personen mit Erfahrung in dieser Angelegenheit!
- Dann **formuliere** die verschiedenen **gegensätzlichen Standpunkte**! Zuerst solche, die die Behauptung stützen (Pro-Argumente), und dann jene, die die Behauptung bestreiten (Kontra-Argumente). Suche schließlich zu den einzelnen Argumenten Beispiele!
- Nun kannst du eine **Lösung** suchen.
- Nach dieser gedanklichen Durchdringung des Themas ordne die Gedanken und fertige eine **Gliederung** an:
  — In der Einleitung stelle das Problem dar, nenne seine Ursachen!
  — Im Hauptteil stelle die verschiedenen Ansichten einander gegenüber und wäge das Für und Wider ab, erörtere die Einwände und mache Lösungsvorschläge!
  — Am Schluß fasse das Ergebnis deiner Überlegungen zusammen und gib deine persönliche Stellungnahme ab!
- Erst danach verfasse einen **zusammenhängenden Text**! Knüpfe dabei immer an die vorher ausgesprochenen Gedanken folgerichtig an!

[1] Duldsamkeit

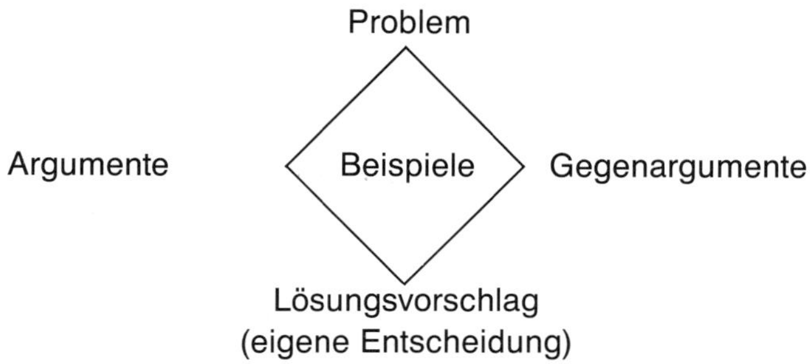

*98

Themen für schriftliche Stellungnahmen:

Trampen — ja oder nein?
Soll für das Fahren mit dem Moped ein Führerschein eingeführt werden?
Sollen Mädchen Männerberufe ergreifen?
Es wird behauptet, Frauen seien in der Berufswelt benachteiligt
Sollen Schüler in ein Ferienlager fahren?
Brauchen Kinder Taschengeld?
Ist das Fernsehen wirklich schädlich?
Sollen Prüfungen abgeschafft werden?
Da bin ich anderer Meinung
Mit dieser Anordnung bin ich nicht einverstanden
Das finde ich ungerecht
Inwiefern führt ein Personal Computer zur Arbeitserleichterung und zu einer Leistungssteigerung?
In welchen Bereichen und unter welchen Bedingungen ist die Verwendung eines Personal Computers sinnvoll und nützlich?
Der Computer — Spielgerät oder Werkzeug?

99

Zu dem Thema **„Warum müssen wir den Wald schonen?“** hat Irene (15) folgende Begründung formuliert:

Im Fernsehen und in den Zeitungen hört und sieht man häufig vom Waldsterben. Es ist daher sinnvoll, über den Wald und seinen Wert nachzudenken.
Was ist ein Wald? Oberflächlich gesehen ist ein Wald eine Ansammlung beieinanderstehender Bäume, eigentlich aber eine Lebensgemeinschaft von Pflanzen und Tieren auf einem bestimmten Lebensraum.
Nach dem Laub unterscheidet man Laubwälder, Nadelwälder, Mischwälder; nach der Lage Hochwälder, Bergwälder, Auwälder; nach dem Zustand Urwälder und Forste; nach der Baumart Buchenwälder, Fichtenwälder, Eichenwälder, Föhrenwälder u. dgl. m.
In Österreich beträgt die Waldfläche 37 000 km², das sind 44 % der Gesamtfläche unseres Landes. Bei natürlichem Wachstum würde die Landschaft Österreichs aber zum größten Teil von Wäldern bedeckt sein.
Daß früher weit mehr Bodenfläche bewaldet war, beweisen auch Ortsnamen wie Waldenstein, Großpertholz, Rohrwald, Waldegg, Waldkirchen, Ottenschlag, Tannheim, Puchenstuben, Ried, Hartberg, Maishofen, Stopfenreuth u. a., denn die Silben -schlag-, -ried-, -reuth- deuten auf Rodung hin, die Silbe -hart- bedeutet Bergwald und die Silbe -mais- Jungwald.
57 % des Waldbestandes in Österreich sind Fichten, 15 % Föhren, 9 % Buchen und 19 % sonstige (Mischwälder, Auwälder). Die Waldgrenze liegt durchschnittlich bei 1 700 m Seehöhe.
Im Wald entdeckt man bei genauerer Betrachtung eine gewisse Regelmäßigkeit im Bewuchs: Die unterste Schicht, bis etwa 20 cm über dem Boden, ist die Moosschicht, gebildet durch Moose, Pilze, Flechten, Algen, Bärlappe.
Ihr folgt nach oben bis zu einer Höhe von einem Meter die Krautschicht. Zu ihr zählen Waldblumen, Waldgräser, Schachtelhalme, Zwergsträucher (Heidelbeeren, Preiselbeeren u. a.).
Über dieser Schicht befindet sich die Strauchschicht, gebildet durch Hasel, Holunder, Weißdorn, Faulbaum, Kornelkirsche und Kletterpflanzen wie Efeu, Waldrebe u. a.
Das oberste Stockwerk bis zu einer Höhe von etwa 40 m bildet die Baumschicht, wo Laub- und Nadelhölzer ihre Kronen entfalten (Rotbuchen, Eichen, Eschen, Birken, Ahornbäume, Fichten, Rotföhren u. a.).
Unter der Oberfläche befindet sich die Bodenschicht mit dem Humus, in dem alle Pflanzen des Waldes wurzeln und Regenwürmer, Asseln, Engerlinge und Kleinstlebewesen hausen und ihre Nahrung finden. Sie wandeln Altlaub und faulende Baumstrünke zu Humus um und schaffen so wieder den Bäumen und anderen Pflanzen eine Lebensmöglichkeit.
Der Wald bietet aber auch vielen anderen Tieren Schutz

und Nahrung. Dazu gehören die Vögel, wie Buchfink, Specht, Kernbeißer, Gimpel, Stieglitz, Rotkehlchen, Meisen, Eichelhäher, Kleiber, Waldkauz, Sperber, Habicht, Bussard u. a. Sie brüten im Wald und fressen Würmer, Raupen, Insekten, Beeren, Samen, Kleintiere. Aber auch Säugetiere und viele Kriechtiere leben im Wald: Rehe, Hirsche, Wildschweine, Füchse, Dachse, Marder, Mäuse, Eichhörnchen sowie Eidechsen, Frösche, Schlangen und Schnecken. Von den Insekten sind es vor allem Ameisen, Borkenkäfer, Kiefernspanner, wilde Bienen und (im Auwald) Gelsen, die hier ihren Lebensraum finden.

Der Wald ist aber auch für das Klima von Bedeutung. Im Wald ist das Klima gleichmäßiger, die Luftfeuchtigkeit höher als anderswo, der Lichteinfall geringer, der Wind schwächer. Durch die sogenannte Photosynthese wird mit Hilfe der Blätter der Bäume Stickstoff gebunden und Sauerstoff abgegeben, wodurch die Atemluft wesentlich verbessert wird. Im Wald fallen auch mehr Niederschläge als sonstwo, der Wald speichert das Wasser, filtert es und dämmt den Lärm. Der Bergwald schützt außerdem Wohngebiete vor Lawinen, Muren und Hochwasser (Bannwald). Er bremst aber auch die Wucht der Stürme.

Worin besteht die wirtschaftliche Bedeutung des Waldes? Vor allem in der Holzgewinnung. Der Wald liefert Bauholz für den Hausbau, für die Möbelindustrie und Nutzholz für die Papierherstellung und für den Hausbrand. Er gibt auf diese Weise vielen Menschen Arbeit: Förstern, Holzarbeitern, Transportarbeitern, Tischlern, Zimmerleuten u. a.

Ein großflächiger Kahlschlag führt zur Verkarstung und zu Klimaveränderungen ganzer Landstriche, denn ohne die Bäume des Waldes wird der fruchtbare Boden vom Regen ausgewaschen oder durch den Wind verweht (Dünenbildung). Durch die Brandrodung im Urwald Südamerikas ist das Klima der ganzen Erde gefährdet. Den größten Schaden richten bei uns aber wohl die vielen giftigen Abgase der Industrie und der Kraftfahrzeuge an. Sie haben ein „Waldsterben" zur Folge, wodurch die gesamte Tier- und Pflanzenwelt der Lebensgemeinschaft Wald zugrunde geht oder abwandert.

Der Wald ist auch ein unentbehrlicher Erholungsraum für den Menschen. Wer wandert nicht gern durch einen

Wald! Er sollte aber geschont werden. Schädlich für den Wald sind das Abbrechen von Zweigen durch Wanderer, das Zerstören von Ameisenhaufen, das Pflücken von Beeren und Pilzen in größeren Mengen, das Abladen von Müll oder gar das unüberlegte Feuermachen.
Es ist im Interesse aller, die Lebensgemeinschaft Wald nicht zu zerstören, sondern zu erhalten und zu pflegen.

Gliedere den Text! Dann nimm auch du mit eigenen Worten zu dieser Frage Stellung!

*100

***Begründe** auf ähnliche Weise die folgenden **Vorlieben**:*

Warum ich gerne . . .bücher lese
Warum ich ein Musikinstrument spiele
Warum ich mir im Fernsehen gerne Krimis ansehe
Warum ich gern mit dem Personal Computer (Schachcomputer) spiele

101 → *L*

Im Leben kommen solche kritischen Erörterungen vor allem in Kommentaren der Zeitungen, in aktuellen Sachbüchern, besonders aber in **Leserbriefen** an die Zeitungsredaktionen, den Rundfunk oder das Fernsehen vor.
Ein Beispiel:

Standort der Müllverbrennungsanlage

Der Gemeinderat hat in seiner Sitzung vom 18. April beschlossen, die neue Müllverbrennungsanlage am Rautenweg zu errichten, wo sich seit einigen Jahren bereits der Müllsammelplatz der Stadt befindet.
Als Anrainer einer der Zufahrtsstraßen lege ich dagegen schärfstens Protest ein.
Wenn einer der Gemeinderäte in diesem Gebiet wohnen würde, wäre es sicher nicht zu diesem Beschluß gekommen.
Der Rautenweg ist nur über die Routen Leopoldauer Platz und Wagramer Straße zu erreichen. Die Bewohner dieser Straßen und Plätze sehen sich seit Jahren einem Verkehr von schweren Lastern ausgesetzt, der seinesgleichen sucht.
Ich stelle meine Wohnung gern ein paar Tage für einen dieser Herren zur Verfügung, damit er sieht, was das bedeutet.
Alle Müllfahrzeuge der Stadt rollen an meinem Haus vorbei. Lastwagen mit Erdaushub und mit den damit verbundenen Verschmutzungen rattern von morgens bis abends die Straße entlang. Von Anhängern fallen Abfälle und bündelweise Papier.
Kein Beauftragter der Stadt ist zu sehen, der diese Schweinerei wegräumt. Ich lade die verantwortlichen Herren der Stadt gerne dazu ein.
Der Autoverkehr auf dieser Strecke hat so zugenommen, daß bereits Parkverbote verhängt werden mußten, um einen Gegenverkehr überhaupt möglich zu machen. Und wo sollen die Anrainer mit ihren Fahrzeugen parken? Zwangsläufig parken Besucher und Lieferanten auf den Gehsteigen und gefährden dadurch die Fußgänger, ganz zu schweigen von den Kindern.
Sollen wir sie vielleicht dauernd in der Wohnung eingesperrt lassen, nur weil dem Gemeinderat keine sinnvollen Lösungen einfallen? Sind wir vielleicht Menschen zweiter Klasse?
Wir lassen uns das nicht länger bieten, auch lassen wir uns nicht mehr mit irgendwelchen Trostpflästerchen abspeisen. Sollte der Gemeinderat nicht bald zu einer anderen Lösung kommen, wird er bei der nächsten Wahl sicher die Quittung dafür erhalten.

Walter Lindner

Der Briefschreiber hat gewiß Gründe für seine Kritik gegen die geplante Müllverbrennungsanlage.
Welche Einwendungen sind jedoch unsachlich und dienen nicht der weiteren Erörterung des Problems?
Kürze den Leserbrief so, daß er einen sachlichen Beitrag zur Diskussion darstellt!

102

*Verfasse einen **Leserbrief** an die Redaktion einer Tageszeitung und nimm dabei zu einem aktuellen Problem Stellung! Versuche aber sachlich zu bleiben und deine Meinung durch Argumente zu bekräftigen!*

Schreiben für sich selbst

Wie man Sachtexte exzerpieren und kürzen kann

Für das erfolgreiche Lernen ist es nicht nur wichtig, zu wissen, wo man sich Informationen im Gedächtnis speichert, also wie man lernt. **Eine** Form der Speicherung von Informationen ist das Exzerpieren von Sachtexten.

> Ein **Exzerpt** ist ein Textauszug. Beim Exzerpieren werden die als wichtig erachteten Inhalte eines Textes in Stichworten herausgeschrieben, übersichtlich angeordnet und erforderlichenfalls zusammenfassend (auf das Wesentliche gekürzt) wiedergegeben. Zum Unterschied von der Inhaltsangabe kann man bei der Kürzung die Formulierungen der Vorlage mehr oder weniger verwenden.

103 → L

Dieter (14) hat aus einem Sachbuch („Signale der Tierwelt“ von Dietrich Burkhardt) ein Exzerpt angefertigt, nach dem er dann im Biologieunterricht referieren will:

Auch Tiere leben in einer Gemeinschaft

Viele Tiere leben nicht allein, sondern gesellen sich zu Artgenossen und bilden eine Gemeinschaft. Eine solche Gemeinschaft kann mehr oder minder lose sein; ist sie höher entwickelt, dann besteht oft eine Arbeitsteilung zwischen den Individuen[1], also soziales Verhalten.

Viele Tiere bilden Gemeinschaften, lose oder mit Arbeitsteilung (soziales Verhalten).

Die letzte und höchste Stufe schließlich ist eine Staatenbildung. Voraussetzung für soziales Verhalten und Staatenbildung ist eine Verständigung der Individuen untereinander, sei es durch Signale, sei es durch eine hochentwickelte „Sprache“, die eine wechselweise Verständigung der Individuen untereinander möglich macht.

Höchste Stufe sozialen Verhaltens: Staatenbildung. Voraussetzung: Verständigung durch Signale oder hochentwickelte „Sprache“.

1 Einzelwesen

Sie können auf diese Weise Mitteilungen machen und den „Gesprächspartner“ auffordern, bestimmte Handlungen auszuführen. Daß nicht jede Ansammlung von Tieren ein sozialer Verband ist, zeigt ein einfacher Befund.

An bestimmten Meeresküsten finden sich Tausende festsitzender niederer Tiere zusammen. Sie bilden Kolonien, aber noch keine sozialen Verbände: Ein überreiches Nahrungsangebot ermöglicht ihnen ein dichtes Nebeneinanderleben. Sie bleiben jedoch stumm, sie reden nicht miteinander und treten nicht in soziale Beziehung zueinander.

Ausgeprägte soziale Gemeinschaften jedoch sind Tierfamilien und Tierhorden. So bleiben manche Affen viele Jahre unter der Obhut der Eltern, es entsteht auf diese Weise eine stattliche Sippe. Die alten und erfahrenen Tiere führen die jungen, unerfahrenen an, und diese gehorchen ihnen.

Manche Vögel bilden Schlafgemeinschaften, obschon sie tagsüber ihre eigenen Wege gehen, zum Beispiel Rabenkrähen und mitunter Stare. Hier finden sich erste Anzeichen sozialen Verhaltens. Gerät ein Star in Gefahr, so alarmiert sein schriller Schreckruf die ganze Gesellschaft. Der Schreckruf des einzelnen wird so zum Signal für die Gemeinschaft. So ist dies ein Mittel, die lästigen Stare aus den Weinbergen zu vertreiben. Der auf ein Tonband aufgenommene Schreckruf wird abgespielt, worauf der ganze Vogelschwarm den Platz fluchtartig verläßt.

Ein ähnliches Schrecksignal findet man bei schwarmbildenden Fischen, wie bei der Elritze. Wird ein Tier durch einen Raubfisch verletzt, so sondert die verletzte Haut einen Schreckstoff ab, der auch noch in extremer Verdünnung die Artgenossen für einige Zeit davor warnt, diese gefährliche Gegend aufzusuchen.

Viel weiter gehen schon die sozialen Beziehungen und Verständigungsmittel der kolonienbildenden Vögel. Ein Beispiel hiefür bieten die Pinguine. Sie bilden während der Brutzeit Gesellschaften von einigen Hunderten von Tieren. Die beiden Geschlechter gehen, wie viele Vögel, richtige Ehen ein. Jahr für Jahr finden sich die Partner an den angestammten Plätzen ein. Erscheint ein Partner zu spät, so mag es vorkommen, daß sein Gespons

Können „Gesprächspartner“ zu Handlungen auffordern.

Niedere Tiere an Meeresküsten: Kolonien, keine sozialen Verbände, keine Verständigung.

Tierfamilien und Tierhorden bilden soziale Gemeinschaften: Affen führen die Jungen.

Rabenkrähen und Stare: erste Anzeichen sozialen Verhaltens – Schreckrufe als Warnung an alle.

Schwarmbildende Fische (Elritze) sondern Schreckstoff zur Warnung anderer ab.

Weiter entwickelt: kolonienbildende Vögel, z. B. Pinguine. Gehen „Ehen“ ein, warten auf Partner an Brutplätzen.

sich einen Ersatz gesucht hat. Der verspätete Gatte wird jedoch wiedererkannt, und der Eindringling muß den Platz verlassen.

Eine eigenartige Begrüßungszeremonie spielt dabei eine Rolle. Erkennen sich die Tiere wieder, so geben sie dies einander zu verstehen. Die Schnäbel werden hochgereckt, die Ruder angelegt, und es wird unter lautem Geschrei mit dem Kopf gewackelt. Dieses gravitätische[2] Gebaren ist also das Signal, das anzeigt, daß man sich wiedergefunden hat.

Eigenartige Begrüßungszeremonie als Signal des Wiedererkennens.

Am Beginn des antarktischen Sommers fängt das Brutgeschäft an. Das Weibchen legt nach einigen Wochen ein bis zwei Eier. Nach diesem kräfteverzehrenden Geschäft verläßt es das Nest und überläßt zunächst dem Männchen das Brüten. Im Meer gewinnt es sein früheres Gewicht wieder und kehrt nach einigen Wochen mit einem Vorrat von einigen Kilo Fisch im Kropf zurück. Nun geht das Männchen zum Meer. Diese wechselseitige Ablösung findet noch mehrmals statt. Jedesmal, wenn ein Partner zurückkehrt, wiederholt sich die Begrüßungszeremonie als Signal des Wiedererkennens.

Arbeitsteilung beim Brutgeschäft (Kennzeichen eines sozialen Verbandes).

Die nach zwei Monaten geschlüpften Jungen begrüßen nach einiger Zeit ihre Eltern in der gleichen Weise. Schließlich werden die Jungen in Krippen zusammengefaßt. Dabei umstellen wenige Alttiere als eine Art Bewacher oft hundert und mehr Jungtiere. Vermutlich schützen sie sie auf diese Weise gegen Unbilden der Witterung und gegen die bis zu 60 cm großen Raubmöwen, die den Jungtieren nachstellen. Die übrigen alten Tiere können mittlerweile auf Nahrungssuche gehen.

Junge begrüßen Eltern mit bestimmten Signalen (Bewegungen). Junge Pinguine in „Krippen" von alten bewacht und beschützt.

Die Eltern der in diesem „Kinderhort" untergebrachten Jungen erkennen ihre Kinder stets wieder und füttern sie bevorzugt. Hier liegt also schon deutlich eine Arbeitsteilung vor, welche einen sozialen Verband kennzeichnet.

Eltern erkennen bei Fütterung ihre Jungen wieder.

Eine besonders hohe Entwicklung von Tiergesellschaften findet sich bei den staatenbildenden Insekten. Hierzu zählen neben der wohlbekannten Biene, den

Hohe Entwicklung von Tiergesellschaften bei staatenbildenden Insekten: Bienen,

2 würdevolle

Hummeln, Wespen und Ameisen — alles Hautflügler — die mit den Schaben verwandten Termiten. Bei allen diesen Insekten finden wir eine hochentwickelte Arbeitsteilung, viele verschiedenartige Signale und eine Kastenbildung.

Die Kastenbildung kann dabei so weit gehen wie bei Ameisen und Termiten, bei welchen sich die zu einer Kaste gehörenden Individuen bereits äußerlich stark von denen anderer Kasten unterscheiden, und zwar so, daß sie ihrer jeweiligen Tätigkeit optimal[3] angepaßt sind.

Über die „Sprache“ der sozialen Insekten wissen wir — mit Ausnahme der Bienen — bis heute noch wenig.

Eines ist jedoch gesichert: Die verschiedenartigen sozialen Verhaltensweisen und die „Sprache“ werden nicht, wie bei uns Menschen, mühsam im Laufe des Lebens erworben, sondern sind erblich fixiert, angeboren. Dies mag, je nach dem Blickwinkel des Betrachters, als ein Vorteil oder Nachteil erscheinen. Durch unsere Fähigkeit, zu lernen und uns anzupassen, haben wir die Möglichkeit, in neuen, unerwarteten Situationen vernunftmäßig zu reagieren. Allerdings bleibt es uns auch freigestellt, ob wir hievon Gebrauch machen. Während bei uns aus dieser Freiheit heraus manche Fehlentscheidungen zustande kommen, ist dem instinktgebundenen Tier die starre, angeborene Verhaltensweise in der Mehrzahl aller auftretenden Situationen ein sicherer und unfehlbarer Wegweiser, das Richtige zu tun.

3 bestmöglich

Hummeln, Wespen, Ameisen, Termiten. Arbeitsteilung, viele Signale, Kastenbildung.

Bei Ameisen und Termiten unterscheiden sich Kastenangehörige auch äußerlich.

„Sprache“ der Insekten nur von Bienen bekannt.

Soziale Verhaltensweisen bei Insekten angeboren, bei Menschen erworben. Vorteil: keine Fehlentscheidungen bei Insekten.

*Gib den Inhalt des Sachtextes nunmehr **gekürzt** wieder! Beschränke dich auf die wesentlichen Informationen, schreibe aber in zusammenhängenden Sätzen!*

104 → L

Exzerpiere auch den folgenden Sachtext:

Vorteile und Nachteile des Personal Computers gegenüber einer Schreibmaschine

Der Personal Computer ist ein Gerät, mit dem in Verbindung mit einem Textverarbeitungsprogramm unter anderem jede Art von Text geschrieben, auf einem Bildschirm veranschaulicht, zweckmäßig und gefällig angeordnet, gespeichert, gedruckt und vervielfältigt werden kann. Während aber bei der Verwendung einer Schreibmaschine unmittelbar auf das Papier geschrieben wird, wird bei Verwendung eines PC mit einem Textverarbeitungsprogramm der Text vorerst auf einem Bildschirm „gestaltet“.
Durch die Funktion „Löschen“ wird es dem Benützer ermöglicht, jedes einzelne Zeichen sofort oder später zu löschen und Fehler zu korrigieren. Gelöscht können

aber nicht bloß einzelne Zeichen werden, sondern auch ganze Wörter, Zeilen, Absätze oder Seiten.

Die Funktion „Einfügen" ermöglicht es ferner, einzelne Buchstaben, Wörter, Zeilen oder Absätze in einen bestehenden Text in kürzester Zeit ohne besondere Umstände einzuschieben. Man kann aber auch innerhalb bestehender Texte Teile verschieben, umgruppieren und diese Bausteine für andere Verwendungen speichern.

Weitere wichtige Funktionen des Programmes für das Schreiben und Gestalten (Anordner) von Texten sind der Randausgleich, das Zentrieren, das Schreiben von Tabellen, das Unterstreichen, das Suchen einer Textstelle, der Wechsel des Formates, der Schriftart u. a. m.

Ist der Text geschrieben und wunschgemäß verfaßt und angeordnet, kann man ihn auch auf einer Diskette oder einem anderen Massenspeicher aufbewahren und später einmal abrufen, verändern, ergänzen.

Will man den Text auf Papier drucken, können weitere Befehle gesetzt werden, wie z. B. der Fettdruck, die Seitennumerierung, das Einfügen von Kopf- und Fußleisten, die Änderung des Zeilenabstandes u. dgl. m.

Zu den Vorteilen von Textverarbeitungsprogrammen gehören auch die orthographische Überprüfung des Textes (nicht aber sämtlicher Rechtschreibphänomene!), die Möglichkeit der automatischen Silbentrennung, der Druck desselben Brieftextes mit verschiedenen Anschriften u. a. m.

Eine Falschbedienung wird zumeist durch eine eindeutige Fehlermeldung signalisiert. Selbst das irrtümliche Löschen einer Seite kann vermieden werden, indem die unbeabsichtigt gelöschte Seite aus dem „elektronischen Papierkorb" wieder zurückgeholt wird.

Andere Programme ermöglichen es dem Benützer, Rechenprobleme zu lösen, geometrische Körper und Statistiken graphisch darzustellen u. a. m.

Ein weiterer Vorteil ist, daß die auf einer Diskette gespeicherten Texte oder Inhalte an einen anderen Ort transportiert oder über das Telefon (allerdings nur mit Hilfe eines Zusatzgerätes) mit unglaublicher Geschwindigkeit von einem Computer zum anderen übertragen werden können.

Alle die genannten Vorteile haben zu einem Siegeszug des Computers als Arbeitsgerät geführt.

Die Datensicherheit ist aber nicht vollständig gewährleistet. Sogenannte Hacker (geschickte Computeranwender, die sich ohne Erlaubnis und ohne die entsprechende Gebühr zu bezahlen in Datenübertragungsleitungen und Computernetze einschalten) können mit ihren Computern in eine Datenübertragungsleitung eindringen und evtl. wichtige Tatsachen erfahren („stehlen") und mißbrauchen. Das stellt einen Verstoß gegen das Datenschutzgesetz dar.

Der Personal Computer hat aber auch weitere Nachteile. Da sind einmal die hohen Anschaffungskosten zu nennen. Der PC mit den Zusatzgeräten (Tastatur, Bildschirm, Drucker, Programme) kostet heute noch ein Vielfaches einer elektronischen Schreibmaschine, ist schwer zu transportieren, braucht für seine Aufstellung viel Platz, kann erst nach einer längeren Einschulung richtig und effektvoll bedient werden und ist (bei ständiger Arbeit vor dem Bildschirm) gesundheitsschädlich (Augen, Wirkung der Strahlen). Das reizvolle Spiel mit dem PC kann auch zur Besessenheit führen.

Wer sich daher einen Personal Computer (Minicomputer) anschaffen will, sollte sich wohl überlegen, ob sich der Kauf wirklich lohnt, der Nutzen die Kosten rechtfertigt. Nur deshalb einen PC zu kaufen, weil es derzeit „modern" ist, mit einem solchen zu arbeiten, sollte keinesfalls der Grund sein. Bedacht sollte auch werden, daß der PC ein nützliches Werkzeug ist, mit ihm aber nicht unbedingt Probleme der Menschheit gelöst werden können.

Wie man seine Gedanken und Gefühle in einem Tagebuch darstellen kann

105

Auch ein **Tagebuch** bietet die Möglichkeit, für sich selbst zu schreiben. Da es zumeist nur vom Verfasser gelesen wird, kann man darin seine geheimsten Gedanken und Wünsche, seine Gefühle und seinen Kummer zum Ausdruck bringen. Ein Tagebuch kann dir auch helfen, gewisse Konfliktsituationen objektiver zu sehen oder seelischen Kummer leichter zu überwinden. Man kann sich den Kummer „von der Seele schreiben".
Ein Beispiel:

Aus dem Tagebuch der Schülerin Martina M. (14)

Montag, 10. 4.

Heute habe ich endlich mein Zimmer aufgeräumt. Nun hängt meine Urkunde vom letzten Schülerwettkampf da und eine von meinen Kopfzeichnungen.
Stups, mein heißgeliebter Plüschhund, liegt faul auf der Couch. Ach, Stups, wie oft mußte ich mich schon mit dir trösten, weil mich keiner verstanden hat! Aber hier oben, Stups, hier ist unsere Burg. Der Regen trommelt auf das schräge Dach, der Stoffschirm der roten Lampe wirft seinen Schein auf die Wolldecke der Couch, mein kleines Transistorradio verbindet uns mit aller Welt. Gute Nacht, Stups!
Übrigens, Mutti hat heute gesagt, daß es morgen Zwetschkenknödel geben soll — fein!

Dienstag, 11. 4.

Es ist drei Uhr nachmittags.
Hoffentlich kommt Andrea vorbei. Die Mathematikschularbeit morgen . . . Wenn ich Gesellschaft habe, muß ich nicht dran denken. Das Mathematikbuch liegt auf dem Tisch, aber mein Tagebuch ist mir jetzt wirklich lieber.
Die Zwetschkenknödel heute mittag waren herrlich, nur: Ich durfte Mutti ja nicht zeigen, daß ich sie so gerne esse. Habe mich unglaublich beherrscht. Ich darf auf keinen Fall dick werden! Mutti meint, die neuen Jeans sind schon zu eng — ich finde sie aber gerade gut so. Ein breiter Ledergürtel fehlt mir noch. Vielleicht vom nächsten Taschengeld . . .
Es klingelt! Andrea! Sie ist gekommen! Fein!
Bis bald, liebes Tagebuch . . .

Donnerstag, 13. 4.

Konnte gestern nicht schreiben, war zu fertig von der Mathematikschularbeit. Drei Aufgaben habe ich richtig, eine weiß ich nicht, eine bestimmt falsch. Ob der Schmidt anständig sein wird?
Papas Stimme unten! Ach, Paps, hoffentlich mache ich dir keinen Ärger mit Mathematik!
Aber in Physik habe ich Hoffnung. Der Meier sagte, mein Vorschlag zur Schaltung des Stromkreises wäre der einzig richtige. Ich war an der Tafel und hab' es aufgezeichnet, wie ich's meinte. Richtig nett war der Meier. Für den arbeite ich weiter! Er ist so witzig. Heute hatte er Pausenaufsicht. Ich bin drinnengeblieben, weil es so ungemütlich war auf dem Hof.
Er schaute in die Klasse, schimpfte gar nicht, sagte nur: „Wie schade, daß man als Lehrer die Damen nur immer in der Stunde bewundern kann! Vielleicht sehen wir uns einmal auf dem Hof, falls ich da wieder Aufsicht haben sollte."
Schnell kämmte ich meine langen Haare, und dann ging ich doch mit — natürlich langsam! Er muß nicht gleich wissen, daß ich tue, was er wünscht.

Samstag, 15. 4.

Ach, ich bin unglücklich! Riesenkrach mit Mutti! Sie will, daß ich ihr nachher helfe. Die Kleinen sollen gebadet

werden, ich soll Simone die Haare waschen, und der Vorgarten soll in Ordnung gebracht werden. Alles bloß wegen des blöden Besuchs von Omi morgen nachmittag!
Die ganze Woche hätte ich nicht geholfen. Als ob wir keine Mathematikschularbeit gehabt hätten! Und Simone stirbt auch nicht, wenn sie sich einmal allein die Haare wäscht!
Gerade heute wollte ich mit Andrea ins Kino. Sie sagte, die Buben kommen auch.
Ich habe mich eingesperrt und geheult. Mutti sagt, ich hätte die ganze Woche gewußt, daß ich heute hierbleiben sollte. Habe ich auch, aber wenn die andern sich heute alle verabreden? Ich habe Stups in den Arm genommen und lange auf der Liege an die schräge Decke gestarrt.
Jetzt kann ich schon schreiben. Vielleicht kann ich dabei besser über alles nachdenken . . .
Ob ich Mutti vorschlage, morgen ganz früh aufzustehen? Aber wie fange ich es jetzt an? Die Tür ist zugeflogen! Ich bin einfach rausgerannt . . . Stups, sag' mir, was ich tun soll! Soll ich telefonieren — fragen, ob Andrea morgen auch noch mitginge? (Sie könnte es Heinz noch sagen, der wohnt ja im gleichen Haus. Ach, hoffentlich geht's so!)

Halte deine Gedanken und Erlebnisse eine Woche lang in Form von Tagebucheintragungen fest!

Lösungen zu den Übungsaufgaben

L 1

Ein Spiel mit bösem Ende

Seit langem machte es uns Freude, die breiten Geländer in unserem Treppenhaus hinunterzurutschen. Das Geländer vom ersten Stock zum Erdgeschoß war besonders beliebt, da es einen weiten Auslauf hatte. Wenn wir dort hinuntersausten, wurden wir wie bei einer Sprungschanze ein Stückchen hinausgetragen und landeten gerade noch vor der Haustür.
Vor kurzem hatte Hans den Einfall, ein „Wettspringen" zu veranstalten.
„Wer kommt so weit wie ich?" fragte er uns herausfordernd.
Das spornte uns an, es ebenfalls zu versuchen. Fritz, Arnim und ich rutschten in voller Fahrt das Geländer hinab. Die Fliesen des Fußbodens waren unsere Markierungen. Fritz flog dreizehn Fliesen weit, ich vierzehn, und Arnim kam noch ein paar Zentimeter weiter.
Dann rutschte Hans. Wie ein Blitz schoß er das Geländer hinab, sauste durch die Luft, prallte gegen die Glaswand der Haustür und blieb liegen. Er lag bewußtlos auf dem Boden und blutete im Gesicht.
„Ich laufe zu Dr. Gruber, er soll sofort kommen!" rief Arnim und rannte zum Nachbarhaus, wo der Arzt seine Praxis hatte.
Fritz und ich blieben bei Hans. Wir wußten aber nicht, wie wir helfen sollten. Die Eltern von Hans waren beide berufstätig. Wir konnten sie nicht benachrichtigen.
Da kam auch schon der Arzt. Er reinigte das Gesicht des Verletzten und legte ihn sorgfältig seitlich zu Boden.
„Wir müssen die Rettung rufen", sagte Dr. Gruber nach einer Weile zu mir.
Ich eilte zum Telefon und rief die Nummer 144 an. Schon nach fünf Minuten wurde Hans mit dem Rettungswagen weggefahren.
Drei Wochen mußte er im Krankenhaus liegen, bis seine Gehirnerschütterung geheilt war.

L 2

Mein erster Tauchversuch

In den letzten Sommerferien waren wir an der Adria. Dort habe ich tauchen gelernt. Der Tauchlehrgang war sehr schwer, aber er hat mir viel Freude gemacht. Als der Lehrgang zu Ende war, haben wir eine Tauchexpedition unternommen. Aus diesem Anlaß fuhren wir zu einer kleinen Insel, wo es am meisten zu sehen gab. Im Altertum war hier nämlich ein Schiff gesunken, und Überreste lagen noch auf dem Meeresgrund. Obwohl hier schon viele Taucher gesucht hatten, fand man gelegentlich noch Scherben von Gefäßen. Vielleicht würden wir auch etwas finden, wenn wir sorgfältig suchen würden. Der Tauchlehrer gab uns noch einige Ermahnungen, denn es sollte uns nichts passieren. Während die einen die Taucherausrüstung anlegten, wollten die anderen zuerst ein bißchen schwimmen. Um deutlich sehen zu können, machte ich vorher die Taucherbrille von innen naß. Nachdem ich mich abgekühlt hatte, sprang ich ins Wasser. Das Wasser war sehr klar, sodaß ich alles genau erkennen konnte. Auf dem Meeresgrund muß man sich vorsichtig bewegen, weil man sonst Sand aufwirbelt. Dadurch wird das Wasser trüb, und man kann nichts mehr erkennen. Ich war schon ziemlich lange unten, wollte aber trotzdem noch ein bißchen weitersuchen. Da sah ich etwas auf dem Meeresboden glitzern . . .

L 4

(1) Der erste Satz knüpft thematisch an die Überschrift an.
(2) Der zweite Satz wird an den ersten durch das Wort „Fahrt" (als sinnverwandtes Wort für „Reise" angebunden).
(3) Der Zusammenhang mit dem zweiten Satz wird durch das Fürwort „er" als Stellvertreter für „Wagen" hergestellt.

(4) Mit den Worten „Auto des Italieners“ als Umschreibung für den Wagen wird an den vorherigen Satz angeknüpft.
(5) Die wiederholende Anknüpfung erfolgt durch den bedeutungsähnlichen Ausdruck „Fahrzeug“.
(6) Hier erfolgt die Anknüpfung an den fünften Satz durch „er“ als Ersatzform für „leichtsinniger Fahrer“.
(7) Der letzte Satz wird an den vorherigen durch das Wort „dabei“ angeknüpft, das auf den Inhalt des vorletzten Satzes zurückverweist.

L 6

1. Erzählschritt: Arne läßt wie jeden Herbst einen Papierdrachen auf der Wiese steigen.
2. Erzählschritt: Arne bemerkt einmal einen Kranichzug. Ein Kranich fliegt direkt in seinen roten Drachen hinein, verfängt sich darin und reißt ihn in Fetzen (1. Höhepunkt).
3. Erzählschritt: Der Kranich hat sich beim Kampf mit dem Drachen ein Bein und einen Flügel verletzt, Arne nimmt daher den verletzten Vogel mit sich, bringt ihn in der Scheune unter und pflegt und füttert ihn.
4. Erzählschritt: Bis zum Sommer heilen die Verletzungen des Kranichs. Er scheint aber das Fliegen verlernt zu haben.
5. Erzählschritt: Im folgenden Herbst ziehen wieder Kraniche vorüber. Der gefangene Vogel will mit ihnen nach Süden fliegen.
6. Erzählschritt: Da läßt Arne den Vogel frei (2. Höhepunkt und Schluß).

L 8

Mit Angaben über die Zeit des Geschehens beginnen die Beispiele (1) und (4).
Mit Angaben über den Ort des Geschehens beginnen die Beispiele (6) und (7).
Unmittelbar mit dem Hauptereignis beginnen die Beispiele (3) und (8).
Mit einer allgemeinen Betrachtung beginnt das Beispiel (7).
Mit der direkten Rede beginnen die Beispiele (3) und (8).
Eine Vorankündigung enthält das Beispiel (8).

L 11

1. Erzählschritt: Hilde wartet an ihrem Geburtstag im Garten auf ihre Mutter.
2. Erzählschritt: Hilde ist neugierig auf ihre Geschenke, findet aber die Tür versperrt (offene Situation).
3. Erzählschritt: Sie hört ihre Mutter sprechen, ohne daß sie weiß, wer deren Gesprächspartner ist.
4. Erzählschritt: Hilde wird ins Wohnzimmer gerufen und ist überrascht über die vielen Geschenke. Dabei entdeckt sie zu ihrer großen Freude einen jungen Setter (Höhepunkt und Lösung).
5. Erzählschritt (Schluß): Hilde bedankt sich unter Freudentränen und versichert, diesen Geburtstag nie zu vergessen.

Die Erzählung wirkt durch die wörtliche Rede und durch die Verwendung verschiedener Satzarten (Ruf- und Fragesätze) lebendig.

L 12

Auch bei diesem Text ist es vor allem die wörtliche Rede, die die Erzählung lebendig erscheinen läßt. Die gleiche Wirkung erzeugen die verwendeten Ruf- und Fragesätze sowie verschiedene Satzformen.

L 13

Die offene Situation ergibt sich daraus, daß Eva die Ärmel des Kleides ihrer Kusine zunäht und es ungewiß ist, wie die Sache ausgehen wird.
Die Spannung entsteht dann durch die Informationsverzögerung, also durch die Schilderung von Einzelheiten, wodurch die Lösung hinausgeschoben wird.
Der Höhepunkt der Spannung liegt dort, wo Andrea überraschenderweise ihr Kleid ungehindert anziehen kann.
Die Lösung wird dann im vorletzten Absatz mitgeteilt. (Eva hat die Ärmel ihres eigenen Kleides zugenäht.)
Der letzte Satz bildet den Schluß.

L 14

Bei dieser Reportage wird die Zeit in höchstem Maße „gedehnt", und das erwartete Ereignis, der Start, wird erst im letzten Satz mitgeteilt. Dadurch gelingt es dem Verfasser in besonderem Maß, die gespannte Stimmung vor dem Start wiederzugeben. Zur Erhöhung der Spannung wird außerdem im Präsens berichtet.

L 20

Jakob erzählt seinen Kindern: „Stellt euch vor, heute hätte ich beinahe einen Igel verbrannt! Ihr wißt ja, daß ich im Herbst in unserem Obstgarten immer das abgefallene Laub zusammenreche und dann den Haufen anzünde. Diese Arbeit verteile ich meist über mehrere Tage. Zuerst reche ich das Laub unter den Bäumen hervor, einige Tage später, wenn dann schon das Laub von allen Bäumen abgefallen ist und die Blätter verdorrt sind, zünde ich den Haufen an. Das wollte ich auch heute tun, weil wir gewiß nicht mehr lange trockenes Wetter haben werden und feuchtes Laub schwer brennt und stark raucht. Ich hatte schon das brennende Streichholz in der Hand, da hörte ich im Laub etwas rascheln. ‚Nanu', dachte ich mir, ‚was kann denn das sein? Ist vielleicht eine Maus unter das Laub gekrochen?' Noch ehe das Streichholz verloschen war, sah ich plötzlich aus dem Laubhaufen die Schnauze eines Igels hervorlugen. Ich habe schon gewußt, daß Igel im Altlaub überwintern — aber in meinem Laubhaufen? Was blieb mir anderes übrig: Ich habe also den Igel wieder mit Laub zugedeckt und werde es erst im Frühjahr verbrennen. Bis dahin wird der Igel schon aus seinem Winterschlaf erwacht sein. Oder besser noch: Ich werde das Laub kompostieren."

L 23

Soldat rettet Buben das Leben

Der Soldat Michael Hofstetter hatte an jenem Tag gerade die Fuldaer Kaserne für einen Ausgang verlassen und wollte die Hauptstraße überqueren, als er Zeuge eines furchtbaren Unfalls wurde. Ein Bub, der eben zu seiner am gegenüberliegenden Straßenrand wartenden Mutter laufen wollte, wurde dabei von einem mit hoher Geschwindigkeit sich nähernden Personenkraftwagen erfaßt und zur Seite geschleudert. Er blieb verletzt auf der Fahrbahn liegen. Hofstetter lief, so schnell er konnte, an die Unfallstelle. Als er den Jungen erreichte, kniete schon seine Mutter neben ihrem Sohn.
Verstört, mit Tränen auf den Wangen, rief sie immer wieder: „Otto! Otto!"
Aber ihr Sohn antwortete nicht mehr. Er lag bewußtlos auf der Straße mit einer blutenden Wunde am Kopf.
Michael Hofstetter erkannte sofort, was zu tun war. Ohne Zögern und ungeachtet der frostigen Temperatur von minus 10 Grad entledigte sich der Soldat sämtlicher Kleidungsstücke, die er auf dem Oberkörper trug. Teils legte er sie als Polster unter den Kopf des Bewußtlosen, teils benützte er sie, um den kleinen Körper warm einzuhüllen. Dann beugte er sich über den Buben, um, Mund an Mund, die ganz schwache Atmung wieder anzuregen. Dabei mußte er sich auch noch gegen die Mutter wehren, die ständig versuchte, das Kind von der Straße fortzuzerren.
„Das war das schlimmste", berichtete Hofstetter später, „der Mutter klarzumachen, daß das Kind so liegenbleiben müsse, wie es eben lag."
Jede heftigere Bewegung hätte innere Verletzungen verschlimmern und vielleicht sogar den Tod des Kindes bedeuten können.
Immer noch halb bekleidet, harrte der Soldat in der eisigen Kälte so lange aus, bis der Notarztwagen kam und das Kind unter sachkundiger Aufsicht ins Krankenhaus beförderte.
Sein Verhalten war das einzig richtige gewesen, sonst wäre der kleine Otto wahrscheinlich gestorben.
Als der Junge abtransportiert war, ging er zum Kasernentor zurück. Es freute ihn nicht mehr, seinen Ausgang zu nützen. Er war schon nützlich genug gewesen für den kleinen Otto.

L 24

Die Moral der Fabel: Auch der Schwache kann einem Starken einmal von Nutzen sein und sollte daher nicht unterdrückt und verachtet werden.

Beispiel, auf die Gegenwart übertragen: Der Vater will einen Berg besteigen, sein Sohn bettelt, er möge ihn mitnehmen. Der Vater lehnt dies zuerst aber ab, weil er meint, der Bub werde ihm bei der Kletterei nur hinderlich sein. Schließlich gibt er nach und nimmt ihn mit. Als er sich kurz danach bei einem Sturz ein Bein bricht, ist es der Bub, der ihn dadurch rettet, daß er Hilfe holen geht.

L 25 Der Elefant und die Maus

„Ich werde dich zertreten", sprach ein Elefant zu einer Maus, „weil du mir im Wege stehst."
„Tu es nicht!" flehte das Mäuslein. „Ich werde dir ewig dankbar sein."
Da ließ der Elefant die Maus leben.
Als der Elefant einige Zeit später in eine Grube gefallen war, kam wieder die Maus vorbei.
„Hilf mir doch! Ich kann allein nicht aus der Fallgrube. Hole meine Herde herbei!"
Da sich die Maus erinnerte, daß ihr der Elefant seinerzeit nichts zuleide getan hatte, erfüllte sie ihm den Wunsch. Er war gerettet, denn mit vereinten Kräften zogen ihn die anderen Elefanten aus der Grube.

Alois (13)

L 26 Prahlen wird fast immer durchschaut und gereicht dem Prahler zum Schaden.

L 29 Vor langer Zeit lebte eine heilkundige alte Frau am Rande eines Tannenwaldes. Sie lehrte die Menschen, wie man Wunden heilen kann, und verlangte für ihre Mühe nur so viel Lohn, daß sie davon leben konnte. Von weit entfernten Höfen kamen die Leute zu ihr.
Zu den Ärzten aber gingen die Bauern nicht, weil sie viel Geld verlangten. Aus diesem Grund waren die gelehrten Doktoren schlecht auf die alte Frau zu sprechen und verbreiteten das Gerücht, sie sei eine Giftmischerin und könne zaubern.
So kam es, daß sie schließlich gemieden wurde; ja man versuchte sogar, sie zu fangen und einzusperren. Aber jemand, dem sie einst geholfen hatte, warnte sie, sodaß sie, als die Schergen kamen, nicht anwesend war. Sie lief noch tiefer in den Wald hinein und fand schließlich eine Hütte, die niemand mehr bewohnte. Dort richtete sie sich ein, sammelte Beeren und Pilze, trocknete Heilkräuter. Einige Zeit später fand auch eine herrenlose schwarze Katze zu ihr.
Verbittert dachte die Alte an die Menschen zurück, die ihr ans Leben wollten.
In jener Zeit kam es dann zur Begegnung mit den Geschwistern Hänsel und Gretel.
Was nun geschah, kann jeder in dem bekannten Märchen der Brüder Grimm nachlesen.

Marion (12)

L 30 Das Märchen vom Rumpelstilzchen, erzählt von ihm selbst:

Einmal kam ich zufällig beim Schloß vorbei, da hörte ich jemand weinen. Weil ich weinende Menschen nicht ausstehen kann, beschloß ich nachzusehen.
Da fand ich ein hübsches Mädchen, das in einer großen Kammer voll Stroh saß und dieses zu Gold spinnen sollte. Da ich diese Kunst von meiner Mutter gelernt hatte, wollte ich ihm helfen. Als Belohnung gab es mir dann seine Halskette.
Vorsichtshalber sah ich am nächsten Tag nochmals nach, und wieder hörte ich das Mädchen weinen. Wieder saß es in einer Kammer voll Stroh und sollte das Stroh zu Gold spinnen. Ich verrichtete auch diesmal seine Arbeit und verlangte dafür seinen Ring.
Beim drittenmal hatte das Mädchen aber keinen Lohn mehr für mich, und so versprach es mir auf mein Verlangen sein erstes Kind.
Warum ich sein Kind verlangt habe? Ich lebe nun schon seit langer Zeit allein im Wald. Ich wünschte mir daher einen Menschen, mit dem ich sprechen konnte. Ich hätte zwar auch mit den Tieren reden können, aber mit denen bin ich schon seit langer Zeit verfeindet, weil ich gelegentlich ein Tier erlege, um mich zu ernähren.

Als nach einem Jahr die Müllerstochter ein Kind bekam, suchte ich sie voll Freude auf, um es zu holen. Sobald mich die junge Frau jedoch sah, wurde sie blaß und begann zu weinen.
Sie tat mir leid, und so gab ich ihr drei Tage Zeit, meinen Namen zu erraten. Sollte sie meinen seltenen Namen nennen, würde ich ihr das Kind lassen. Ich war fest davon überzeugt, daß sie niemals daraufkommen werde, wie ich heiße.
An den ersten beiden Tagen nannte sie nur unrichtige Namen.
Darüber freute ich mich so sehr, daß ich, als ich zu Hause war, um das Feuer hüpfte und sang: „Ach, wie gut, daß niemand weiß, daß ich Rumpelstilzchen heiß'!"
Als sie aber am dritten Tag schließlich zu meiner großen Überraschung doch meinen Namen nannte, zerriß ich mich vor Wut in zwei Hälften. Seither spuke ich als Geist in dem alten Schloß.

Rainer (13)

L 33

In den Textbeispielen werden die persönlichen Eindrücke wiedergegeben, in den Beispielen a) und b) auch die Stimmung.
Gegenüber der Erzählung fehlt der für diese Textsorte typische Aufbau (offene Situation, Handlungshöhepunkt, Lösung), gegenüber dem Bericht die reichhaltige Handlung.
Mit Ausnahme des ersten Beitrages wird als Zeitform das Präsens (die Gegenwart) verwendet.

L 34

Bei den Texten a) und b) ist die Stimmung erkennbar, die in dieser Situation vorgeherrscht hat.
Der Text c) (die Schilderung einer Person) hebt besonders das Eigenartige, Besondere des Schriftstellers Spinell hervor, wobei man seinen Charakter aus seinem Verhalten erkennen kann.
Alle Verfasser verwenden treffende Zeitwörter und beifügende Eigenschaftswörter (insbesondere Thomas Mann), wodurch die Texte sehr anschaulich auf den Leser wirken.

Günter Wallraff verwendet — im Gegensatz zu Thomas Mann — ganz kurze Sätze (besonders im letzten Absatz!).
Josef Leitgeb veranschaulicht das Geschehen insbesondere auch durch bildhafte Vergleiche.

L 36

Es handelt sich um eine ansehnliche Summe. Dieser Ölscheich besitzt unermeßliche Reichtümer. Vor uns lag eine weite Ebene. Daraus erwachsen uns erhebliche Nachteile. Jumbo war ein riesiger Elefant. Wir rasteten inmitten gewaltiger Felsen. Am Waldrand erhob sich eine mächtige Eiche. Er besitzt ausgedehnte Ländereien. Der Verstorbene war ein bedeutender Gelehrter. Die Angreifer erlitten beträchtliche Verluste. Glücklicherweise haben wir eine geräumige Wohnung. Der Professor war ein stattlicher Herr. Es handelt sich um umfangreiche Bestellungen.
Marlis ist ein zierliches Mädchen. Dieser Ring ist von geringem Wert. Es gab nur einen unbedeutenden Sachschaden. Er war mit seiner Arbeit in kurzer Zeit fertig. Die Mansarde war ein enges Zimmerchen. Früher arbeiteten die Leute um kargen Lohn. Der Rock ist ihr sehr knapp geworden. Sie bewohnten ein unansehnliches Häuschen. Es hatte winzige Fenster. Er hat ein schmales Bändchen Gedichte veröffentlicht. Sein Onkel war ein unscheinbares Männchen.

L 37

Zu streichen sind die folgenden Wörter: langsam, passend, dumm, knusprig, echt, keck, mutig, manchmal, mehrmals, hilflos, unfolgsam.

L 39

Der erste Text ist ein subjektiver (persönlicher) Bericht, der zweite eine objektive (sachliche) Unfallmeldung, der dritte ein (scheinbar) sachlicher Zeitungsbericht, in dem die Leser nicht nur über das Ereignis informiert werden, sondern in dem vom Verfasser auch kritisiert wird. Er versucht dadurch, die Zeitungsleser zu beeinflussen.
Alle Berichte unterscheiden sich von der Erzäh-

lung und der Schilderung vor allem dadurch, daß sie einem anderen Zweck dienen und daher eine andere sprachliche Formulierung erfordern. Während Erzählungen und Schilderungen der Unterhaltung dienen, sollen Berichte in erster Linie informieren. Berichte sind weder einfallsreich noch stimmungsvoll, sondern geben wirklichkeitsgetreu Tatsachen wieder.

L 40 Der Bericht in der Schülerzeitung könnte lauten:

Nachahmenswert

Christina K., unsere Mitschülerin aus der 4 a, war während der Sommerferien bei ihrem Vater, einem Tischlermeister, als „Lehrling" tätig. Dabei verrichtete sie nicht bloß Tischlerarbeiten, sondern half auch beim Bodenlegen und beim Lackieren des Autos ihres Vaters mit. Die „Schnupperlehre" hat ihr gefallen. Sie wird sie, wie sie der Redaktion versicherte, wiederholen.

L 43 Für den Sachverhalt unwesentlich sind z. B. Angaben darüber, daß der Briefschreiber auf dem Weg zur Schule war. Auch die Feststellung, daß er Bremsen quietschen gehört hat, hätte weggelassen werden können, weil sie für den Zweck des Schreibens unwesentlich ist.

L 46 Die Inhaltsangabe der Erzählung „Krambambuli" könnte für die Schülerzeitung geschrieben worden sein.
Die Inhaltsangabe des Dramas „Der Traum ein Leben" könnte auf einem Theaterzettel stehen und Theaterbesucher vorinformieren, damit diese die Handlung besser verstehen.

L 47 Inhaltsangaben sind Berichte und dienen der Information des Lesers. Sie sind sachlich abgefaßt und nicht so lebendig dargestellt wie die der Unterhaltung dienenden spannenden Erzählungen. Elemente der Erzählung, z. B. die direkte Rede, bleiben weg.

L 49 Inhaltsangabe der Erzählung „Die Dogge Wanda":

Eva macht mit ihrer Dogga Wanda, die sie erst seit drei Wochen besitzt, eine Bergwanderung. In der größten Mittagshitze kommen sie zu einem Felskessel, auf dessen Grund ein kleiner See liegt. Eva möchte baden. Beim Abstieg zum See kommt sie an einer kleinen Höhle vorbei, in der sie ihre Kleider ablegen will.
Wanda jedoch sträubt sich, die Höhle zu betreten. Das Tier fletscht die Zähne, reißt sich dann von der Leine los und stürmt zum See hinunter. Eva folgt dem Hund ärgerlich.
Sie badet dann am Rande des Gewässers und genießt die Abkühlung.
Als sie merkt, daß ein Gewitter naht, kleidet sie sich rasch an und will in der Höhle Schutz suchen. Doch Wanda verwehrt ihr den Zutritt zur Höhle.
Schließlich findet sie fünfzig Schritte weiter unter einer vorstehenden Felsplatte notdürftig Obdach.
Indessen beginnt es zu blitzen und zu donnern, der Regen prasselt herab.
Als das Wetter nach kurzer Zeit wieder besser wird, tritt Eva aus ihrem schützenden Versteck. Der Hund springt bellend vor ihr her und läuft diesmal direkt auf die Höhle zu. Da bemerkt Eva an einem geschwärzten Riß in der Erde, daß der Blitz hier eingeschlagen und die Steinplatte in zwei Hälften gespalten hat.
Die Dogge hatte aus Instinkt die Gefahr erkannt und ihr, als sie vor dem Gewitter in der Höhle Schutz suchen wollte, den Zutritt verwehrt und auf diese Weise das Leben gerettet.

L 57 Zuerst muß man einen Kübel unter das Knie des Abflußrohres stellen, damit das gestaute Wasser, wenn es abfließt, nicht auf den Boden gelangt. Mit Hilfe eines „Franzosen" (einer verstellbaren Zange) oder eines feuchten Tuches läßt sich der Deckel des Geruchverschlusses abschrauben. Jetzt können Haare oder andere Gegenstände, die den Abfluß verstopft haben, entfernt werden.

Ein anderes Verfahren besteht darin, einen käuflichen Saugstock aus Gummi mehrmals gegen die Öffnung des Abflußrohres zu pressen. Dabei muß allerdings die Überlauföffnung mit der Hand oder einem nassen Tuch luftdicht verschlossen werden, damit die in das Rohr gepreßte Luft hier keinen Ausweg findet. Beim Abheben des Saugers gelangen zumeist die Gegenstände, die den Abfluß verstopft haben, nach oben.
Als dritte Möglichkeit bleibt das mechanische Durchputzen des Abflußrohres mit einem Draht vom geöffneten Knie des Abflußrohres aus. Auf diese Weise kann fast immer das verstopfte Rohr frei bekommen werden.
Noch bequemer ist das Beheben der Verstopfung mit Hilfe eines Staubsaugers. Dabei wird der Staubsaugerschlauch an der Druckluftseite des Saugers angesteckt, das Ende des Schlauches jedoch ohne Düse in die Ablauföffnung des Deckels gesteckt. Durch ein herumgewickeltes Tuch kann ein luftdichter Verschluß erzielt werden. Auch hier muß die Ablauföffnung des Waschbeckens verstopft werden. Meist genügt es schon, den Sauger ein bis zweimal kurz einzuschalten, um die verstopfte Stelle frei zu bekommen. Damit der Luftdruck stark ist, soll der Staubsack vorher aus dem Staubsauger entfernt werden.

L 60

Der Text stammt aus einer Sendereihe des Rundfunks. Er könnte aber auch einem Büchlein zur Vorbereitung auf die Lenkerprüfung entnommen sein.

Während der vier Takte geschieht folgendes:

1. Takt: Der Kolben, der sich im Zylinder bewegt, saugt mit der ersten Abwärtsbewegung durch das Einsaugventil Luft in den Zylinder an. Beim Totpunkt schließt sich das Ventil.
2. Takt: Die Luft wird durch die Aufwärtsbewegung des Kolbens auf 30 bis 35 Atmosphären verdichtet und erwärmt sich dadurch auf ungefähr 600 Grad Celsius. Zu diesem Zeitpunkt wird der Brennstoff in den Kolben gespritzt und entzündet sich von selbst in der heißen Luft.
3. Takt: Die Energie, die durch die Verbrennung des Brennstoffes frei wird, preßt den Kolben nach unten (Arbeitshub).
4. Takt: Dabei öffnet sich das Auspuffventil, die Verbrennungsgase werden ausgestoßen, der Kolben bewegt sich wieder nach oben.

Wenn der Motor läuft, wiederholt sich dieser Vorgang immer wieder.

L 62

Bei dem Text handelt es sich um eine Personenbeschreibung. Es ist eine Abgängigkeitsanzeige, die sich an die Öffentlichkeit richtet.

L 63

Körperliche Merkmale:

Gestalt und Haltung: stark, untersetzt, schlank, schwächlich, steif, gebeugt, gebrechlich, dick, muskulös . . .
Kopfform: oval, rund, kantig, langschädlig, glatzköpfig . . .
Gesicht und Gesichtsausdruck: länglich, rundlich, eckig, kantig, hohlwangig, faltig, glatt, furchig, frisch, kränklich, gesund, sommersprossig, pickelig . . .
Haar und Bart: hell, dunkel, braun, schwarz, rötlich, grau, weißmeliert, gefärbt, kraus, kurz, zurückgekämmt, ungepflegt, gewellt . . .
Stirn: hoch, niedrig, breit, stark zurückweichend, vorspringend . . .
Augen: hell, dunkel, blau, grau, grün, dunkelbraun, schwarzbraun, tiefliegend, hervorstehend; stechender, trüber, trauriger, lachender Blick . . .
Augenfehler: schielend, Brillenträger, blind, Lidlähmung, Silberblick . . .
Augenbrauen: ausrasiert, buschig . . .
Nase: auffallend groß, klein, schmal, breit, gradlinig, spitz, Adlernase, Stupsnase, Knollennase, Boxernase . . .
Ohren: groß, klein, abstehend, anliegend . . .
Ohrläppchen: freihängend, angewachsen . . .
Mund: groß, klein, schief; aufgeworfene, schmale, volle Lippen; vorstehende Unterlippe, Hasenscharte . . .

Zähne: vollständig, regelmäßige Zahnreihe, lückenhaft, vorstehende Schneidezähne, falsches Gebiß, weiß, gelb, dunkel . . .
Kinn: zurückweichend, vorstehend, stark vorspringend, spitz, Doppelkinn, gespaltenes Kinn . . .
Arme und Hände: lang, kurz, behaart, muskulös; gepflegte, abgearbeitete Hände . . .
Beine und Füße: kurze, lange Beine; X-Beine, O-Beine; große, kleine Füße; Plattfüße; gehbehindert, hinkend . . .
Sprache: Mundart, stotternd, lispelnd, auffallend hohe Stimme, laut, leise, heiser, monoton, lebhaft . . .

L 66

Herbert Oberleitner
Oberweg 15
2391 Kaltenleutgeben

Kaltenleutgeben, 5. Oktober 19 . .

Gendarmerieposten Kaltenleutgeben

Wiener Straße 9
2391 Kaltenleutgeben

Diebstahlsanzeige

Am 4. Oktober d. J. wurde mir mein Fahrrad, Marke Puch, Modell „Tourenmeister", Fabrikationsnummer 0065337, gestohlen.
Ich hatte es gegen 10 Uhr vormittags vor dem Billa-Kaufhaus abgestellt und war einkaufen gegangen. Das Hinterrad war mit einem Absperrseil versperrt.
Als ich nach etwa 15 Minuten zurückkehrte, war das Fahrrad verschwunden.

Der Rahmen des Fahrrades ist zinnoberrot lackiert, die Kotflügel sind verchromt. Der Rennlenker ist mit einem schwarzen Kunststoffband umwickelt. Am Hinterrad fehlen zwei Speichen. Das Glas des Katzenauges am hinteren Kotflügel ist gesprungen. Das Fahrrad hat eine Zehngangschaltung. An dem braunen Ledersattel hängt eine Werkzeugtasche, auf deren Deckel innen mein Name und meine Anschrift stehen.
Das Fahrrad ist in gutem Zustand und hat bei seiner Anschaffung vor einem Jahr 3 700 Schilling gekostet.

Herbert Oberleitner

Herbert Oberleitner

L 74

Bei persönlichen Briefen braucht (mit Ausnahme der Anrede und der Schlußwendung) keine bestimmte sprachliche Form berücksichtigt werden. Das gilt auch für die Anordnung des Textes. Der Adressat wird persönlich angesprochen; subjektiv wird erzählt, berichtet, geschildert oder um etwas ersucht. Persönliche Briefe sollen vor allem den Leser informieren und gleichzeitig die freudige Erwartung in ihm wecken, vom Absender Neuigkeiten zu erfahren.
Geschäfts- oder Behördenbriefe dagegen müssen immer ganz knapp und sachlich formuliert sein, die persönliche Anrede fehlt in vielen Fällen. Die Anordnung unterliegt weitgehend den Normen des Geschäftslebens.

L 75

e)

Krems, 21. Mai 19 . .

Sehr geehrter Herr Klassenvorstand!

Mein Sohn, Hans Müller, Schüler der 4. Klasse a, konnte wegen einer Grippe vom 13. bis 20. Mai den Unterricht nicht besuchen.
Ich bitte Sie, sein Fernbleiben zu entschuldigen.

Mit höflichem Gruß

Karl Müller

L 81

Telegrammtext (Lösungsvorschlag):

Ankommen in Thal 7. Juli, 19.30 Uhr. Abholung erbeten.
Familie Oberlehner

L 87

Als Beilage sende ich Ihnen meinen Lebenslauf.
Ihr Schreiben habe ich erhalten und teile Ihnen mit, daß ich mich gerne bei Ihnen vorstellen möchte.
Ihr Schreiben vom . . .
Die Preise sind erhöht worden.
Ich warne jedermann davor, meinem Sohn etwas zu borgen.
Wegen der schlechten Geschäftslage muß ich Sie leider um Verlängerung der Zahlungsfrist ersuchen.
In dem neuen Geschäft werden Anzüge für Knaben von acht bis zwölf Jahren verkauft.
Der Kaufmann war sehr liebenswürdig.
Die Sendung ging gestern an Sie ab; wir hoffen, daß sie bereits bei Ihnen eingelangt ist.

L 97

Sollen wir eine Schülerzeitung herausgeben?

Die Klassenvertreter und der Schulsprecher unserer Schule tragen sich mit der Absicht, eine Schülerzeitung für die Schüler unserer Schule herauszugeben. Ehe der Versuch gestartet wird, sollte man sich aber fragen, ob der Plan auch durchführbar ist.
Sicher würden sich alle Schüler sehr freuen, wenn sie eine Zeitung lesen könnten, die für sie gemacht worden ist. Es gibt ja eine Menge Zeitungen, die für die Jugend bestimmt sind, aber meistens werden sie von Leuten geschrieben, die selbst längst dem Jugendalter entwachsen sind und nicht genau wissen, welche Interessen wir haben. Und wenn man dann eine solche Zeitung kauft, bezahlt man damit viele Artikel, die einen gar nicht interessieren. Wir wollen aber einmal das lesen, was Jugendliche unseres Alters geschrieben haben.
Auch ist es wichtig, Schüler und Eltern über das Schulleben zu unterrichten. Sicher möchten viele gerne wissen, welche Wanderungen oder Schulveranstaltungen von den einzelnen Klassen geplant sind. Auch an die Möglichkeit, Berichte, Geschichten, Gedichte, die von Schülern verfaßt worden sind, zu veröffentlichen, sollte gedacht werden.
Die Schülerzeitung könnte darüber hinaus ein Sprachrohr für Kritiker sein. Es gibt so manches, mit dem wir Schüler nicht einverstanden sind. So verstehen wir z. B. nicht, daß die Lehrer in der Schule mit Straßenschuhen gehen dürfen, während wir gleich nach dem Betreten des Schulhauses Hausschuhe anziehen müssen.
Es ist ja die Aufgabe der Klassenvertreter, an der Zusammenarbeit zwischen Schülern, Eltern und Lehrern mitzuwirken. So manches, das verbessert oder verändert werden sollte, könnte zunächst in der Zeitung erörtert werden. Dann kommt man zu einer echten Meinungsbildung und kann mit handfesten Vorschlägen aufwarten. Sicher würde nicht jeder Schüler mit jedem Artikel einverstanden sein. Wir müssen aber auch lernen, die Meinungen anderer anzuerkennen.
Schließlich wird durch die Verteilung der Zeitung erreicht, daß viele Schüler mitarbeiten und sich so für die Gemeinschaft einsetzen. Überhaupt wird durch die Schülerzeitung bewirkt, daß sich sämtliche Schüler bewußt werden, zu einer Gemeinschaft zu gehören.
Alle diese Gründe sprechen für die Herausgabe einer eigenen Schülerzeitung. Aber wir dürfen nicht glauben, daß es keine Gegengründe gäbe.
Da sind einmal die Kosten. Jede Zeitung kostet Geld. Das Geld dafür bekommt man durch den Verkauf und durch Anzeigen. Ich glaube aber nicht, daß wir durch Reklame viel verdienen werden. Denn welche Firma wird schon etwas für Anzeigen in einer Schülerzeitung ausgeben? Wir Schüler selbst haben nicht viel Geld, etwas zu kaufen. Und Bücher und Hefte müssen wir uns auch ohne Werbung kaufen. Was wollen wir tun, wenn z. B. die Artikel so sind, daß niemand die Zeitung kauft? Die Druckkosten müssen aber bezahlt werden.
Dann gibt es noch das Pressegesetz. Wer soll die Verantwortung für den Inhalt der Texte übernehmen?
Wenn wir aber annehmen, daß wir genügend

Geld zusammenbringen, entsteht die Frage nach ständigen Mitarbeitern. Für eine solche Tätigkeit braucht man viel Zeit. Daher können eine solche Aufgabe nur Schüler übernehmen, die gute Leistungen erbringen. Hat ein Redakteur Schwierigkeiten in der Schule, machen ihm die Lehrer und Eltern Vorwürfe, daß er seine Arbeitskraft an der unrichtigen Stelle einsetzt. Da wir in unserem Alter noch wenig Erfahrung haben, ist es ratsam, einen Erwachsenen als Berater zu wählen. Und welcher Erwachsene wird sich bereit erklären, unentgeltlich mitzuarbeiten? Auch hier liegt ein Problem, das sicher nicht so einfach gelöst werden kann.
Ich glaube also nicht, daß es ratsam ist, jetzt eine Schülerzeitung herauszugeben. Dagegen schlage ich vor, das Schwarze Brett der Schule häufiger benutzen zu lassen. Außerdem wird es möglich sein, ab und zu ein Mitteilungsblatt im Sekretariat abzuziehen, das alle Schüler in die Hand bekommen und das viel weniger kostet als eine gedruckte Schülerzeitung. Wenn wir gute Erfahrungen gemacht haben und die Schülerschaft sich für die Mitarbeit an einer Schülerzeitung mehr als bisher interessiert, könnten wir den Plan später noch einmal in Erwägung ziehen.

Ernst (15)

L 101

Standort der Müllverbrennungsanlage

Der Gemeinderat hat in seiner Sitzung vom 18. April beschlossen, die neue Müllverbrennungsanlage am Rautenweg zu errichten, wo sich seit einigen Jahren bereits der Müllsammelplatz der Stadt befindet.
Als Anrainer einer der Zufahrtsstraßen lege ich dagegen schärfstens Protest ein.
Der Rautenweg ist nur über die Routen Leopoldauer Platz und Wagramer Straße zu erreichen. Die Bewohner dieser Straßen und Plätze sehen sich seit Jahren einem Verkehr von schweren Lastern ausgesetzt, der seinesgleichen sucht. Alle Müllfahrzeuge der Stadt rollen an meinem Haus vorbei. Lastwagen mit Erdaushub und den damit verbundenen Verschmutzungen rattern von morgens bis abends die Straße entlang. Von den Anhängern fallen Abfälle und bündelweise Papier.
Der Autoverkehr auf dieser Strecke hat so zugenommen, daß bereits Parkverbote verhängt werden mußten, um einen Gegenverkehr überhaupt möglich zu machen. Zwangsläufig parken Besucher und Lieferanten auf den Gehsteigen und gefährden dadurch die Fußgänger, ganz zu schweigen von den Kindern.
Es wäre daher dringend notwendig, eine Änderung dieses unhaltbaren Zustandes herbeizuführen.

Walter Lindner

L 103

Kürzung bzw. Zusammenfassung des Textes „Auch Tiere leben in einer Gemeinschaft“:

Viele Tiere bilden eine mehr oder minder lose Gemeinschaft. Bei höher entwickelten Gemeinschaften finden sich Arbeitsteilung und Staatenbildung.
Voraussetzung dafür, daß es sich nicht um eine bloße Anhäufung von Tieren — z. B. Kolonien niederer Tiere an den Meeresküsten —, sondern um einen sozialen Verband handelt, ist die Verständigung der Individuen untereinander durch Signale oder gar durch eine hochentwickelte „Sprache“.
Tierfamilien und Tierhorden sind ausgeprägte soziale Gemeinschaften. Beispiele: Affen bleiben viele Jahre unter der Obhut der Eltern.
Manche Vögel bilden Schlafgemeinschaften (Rabenkrähen, Stare). Der Warnruf eines Vogels wird zum Signal für die Gemeinschaft.
Ähnlich verhält es sich bei schwarmbildenden Fischen (Elritzen), die bei Verletzung einen Schreckstoff absondern, der die Artgenossen warnt.
Bei kolonienbildenden Vögeln gehen die sozialen Beziehungen und die Verständigungsmittel noch viel weiter. Ein Beispiel dafür bilden die Pinguine, die richtige Ehen kennen. Jedes Jahr finden sich die gleichen Partner an den Brutplätzen ein und erkennen einander an bestimmten Signalen.
Auch die Aufzucht der jungen Pinguine wird von beiden Partnern besorgt.

Schließlich werden junge Pinguine in „Krippen" zusammengefaßt, die von Altvögeln bewacht werden, während ihre Eltern auf Nahrungssuche gehen.
Eine besonders hohe Entwicklung von Tiergesellschaften findet sich bei den staatenbildenden Insekten (Bienen, Ameisen, Hummeln, Wespen, Termiten). Hier gibt es eine hochentwickelte Arbeitsteilung, viele verschiedenartige Signale, ja sogar Kastenbildung, die den Angehörigen einzelner Kasten gelegentlich sogar anzusehen ist.
Über die „Sprache" wissen wir wenig.
Gesichert ist: Die verschiedenartigen sozialen Verhaltensweisen und die „Sprache" sind angeboren. Dadurch reagieren die Insekten in neuen Situationen instinktmäßig und tun immer das Richtige. Wir Menschen dagegen müssen die Sprache lernen, können uns anpassen und auf neue Situationen vernunftmäßig reagieren. Das kann allerdings zu Fehlentscheidungen führen.

L 104 Exzerpt des Textes „Vorteile und Nachteile des Personal Computers gegenüber einer Schreibmaschine":

Gerät, mit dem in Verbindung mit Textverarbeitungsprogrammen Texte geschrieben, auf einem Bildschirm veranschaulicht, zweckmäßig gestaltet, gespeichert, gedruckt und vervielfältigt werden können.
Text kann auf Bildschirm verändert werden (Streichungen, Korrekturen, Einschübe).
Weitere Funktionen: Randausgleich, Zentrieren, Tabulieren, Suchen einer Textstelle, Wechsel des Formates, der Schriftart u. a. m.
Text kann auf Diskette konserviert und auch zu einem späteren Zeitpunkt gedruckt werden.
Fettdruck, Seitennumerierung, Einfügen von Kopf- und Fußleisten nachträglich möglich.
Rechtschreibkontrolle (nicht alle Rechtschreibfehler werden angezeigt!).
Falschbedienung wird signalisiert. Bereits gelöschter Text kann zurückgeholt werden.
Andere Programme: Rechenprogramme, Programme zur Darstellung von geometrischen Körpern, Statistiken.
Möglichkeit, Inhalte über das Telefon auf anderen Computer zu übertragen.
Datensicherheit aber nicht immer gegeben.
Nachteile des PC: hohe Anschaffungskosten, braucht viel Platz, langwierige Einschulung erforderlich, gesundheitsschädlich (Augen, Strahlen).
Vor Kaufentscheidung Überlegungen zu Kosten und Nutzen anstellen. PC hat Werkzeugcharakter, kann nicht Probleme der Menschheit lösen.

Stichwortverzeichnis

Die Zahlen beziehen sich auf die jeweiligen Seiten im Buch. (Die Zahlen zwischen den Klammern beziehen sich auf die Seiten im ersten Band von „Aufsatzschreiben — leichtgemacht".)

Weiterführendes Schrifttum — Handbücher für den Deutschunterricht

Dostal, Karl Albert
Aufsatzschreiben — leichtgemacht I. Verfassen von Texten auf der 5. und 6. Schulstufe, Veritas, Linz

Dostal, Karl Albert
Deutsch, wie du es brauchst. Approbiertes Sprachbuch für Schüler im 9. Schuljahr, Hölder-Pichler-Tempsky, Wien

Dostal, Karl Albert
Lesestücke für das 9. Schuljahr. Approbiertes Lesebuch, Österreichischer Bundesverlag, Wien

Dostal, Karl Albert
100 Satzanalysen und 250 Wortanalysen. Lernhilfe für Schüler der 5. bis 9. Schulstufe, Leitner, Wien

Dostal, Karl Albert
Keine Beistrichfehler mehr! Regeln, Beispiele, Übungen, Lösungen. Lernhilfe für die 7. Schulstufe aufwärts, Leitner, Wien

Dostal, Karl Albert
Nachhilfe Deutsch 1. Übungen zur Rechtschreibung und Zeichensetzung. Lernhilfe für Schüler der 5. bis 9. Schulstufe, Leitner, Wien

Dostal, Karl Albert
Nachhilfe Deutsch 2. Übungen zum richtigen Sprachgebrauch und zur Grammatik. Lernhilfe für Schüler der 5. bis 9. Schulstufe, Leitner, Wien

Dostal, Karl Albert
Sprachhandeln. Approbiertes Sprachbuch für Schüler der HS und der AHS, 4 Bände, Hölder-Pichler-Tempsky, Wien

Dostal, Karl Albert
Umgang mit Texten. Approbiertes Lesebuch für Schüler der HS, 4 Bände, Leitner, Wien

Dostal, Karl Albert
Sprach- und Rechtschreibübungen. Lernhilfe für Schüler der 3. und 4. Schulstufe, Veritas, Linz

Dostal, Karl Albert
Verfassen von Texten. Aufsatzübungen. Lernhilfe für Schüler der 3., 4. und 5. Schulstufe, Veritas, Linz

Dostal, Karl Albert
Wort und Bild. Approbiertes Wörterbuch mit dem Grundwortschatz, Österreichischer Bundesverlag, Wien

Emge, Trude
Spiel doch mit! Spiele zu jeder Gelegenheit, Veritas, Linz

Neuwirth, Erich, u. a.
Deutsch. Approbiertes Sprachbuch für die HS und die AHS, 4 Bände, Veritas, Linz

Pramper, Wolfgang / Hammerschmid, Helmut
Rechtschreibkönig. Lernspiel zur Förderung der Rechtschreibsicherheit, Veritas, Linz

Söllinger, Peter
Deutsch unterrichten, Veritas, Linz

Quellennachweis

Seite 10, Übung 6: Tschiko, Rechlin-Bartoschek, Eva, Berchtesgaden

Seite 17, Übung 12: Die andere, Guggenmos, Josef, Irsee

Seite 21, Übung 14: Das Rennen, C. F. Riedl, aus: Sohre, Helmut: Tempo, Vollgas, Franckh-Kosmos, Stuttgart (gekürzt)

Seite 29, Übung 24: Der Löwe und die Maus, aus: Lorenz-Flake, Wilma (Übersetzerin): 11 Fabeln von La Fontaine, Litho Verlagsgesellschaft mbH, Hamburg

Seite 30, Übung 26: Der Hund und die Katze, Der großmäulige Hamster, aus: Payrhuber, Franz Josef: Wege zur Fabel, Herder, Freiburg

Seite 31, Übung 27: Die Geschichte vom bösen Hänsel, der bösen Gretel und der Hexe, aus: Maar, Paul: Der tätowierte Hund, Hamburg

Seite 33, Übung 30: Aus: Brüder Grimm / Pietsch, Marianne (Herausgeberin): Kindermärchen, Thienemann, Stuttgart (bearbeitete Fassung)

Seite 35, Übung 31: Im Café, aus: Wiener, Hugo: Doppelconférence, Amalthea, Wien (gekürzt)

Seite 36, Übung 31: Mein Neffe Ladi, aus: Wiener, Hugo: Krokodile fliegen nicht. Satiren aus Wien, Amalthea, Wien

Seite 40, Übung 34: Tauwetter, aus: Leitgeb, Josef: Das unversehrte Jahr, Otto Müller Verlag, Salzburg (gekürzt)

Seite 41, Übung 34: In der Hamburger Werft, 6 Uhr früh, aus: Wallraff, Günter: Industriereportagen, Rowohlt Taschenbuch-Verlag, Reinbek

Seite 42, Übung 34: Der Schriftsteller, aus: Mann, Thomas: Gesammelte Werke in dreizehn Bänden, Band VIII: Erzählungen, S. Fischer, Frankfurt (gekürzt)

Seite 48, Übung 41: Den Großvater gerettet, aus: Jalkotzy, Alois (Herausgeber): Das Gute. Aus der Mappe der Menschlichkeit, Jugend und Volk, Wien

Seite 54, Übung 49: Die Dogge Wanda, aus: von Doderer, Heimito: Erzählungen

Seite 63, Übung 58: Linzer Torte, aus: Früchtel, Ingrid: Vollkorn-Backbuch, Gräfe und Unzer, München

Seite 65, Übung 60: Aus: Schulfunk-Sendereihe „Naturwissenschaft und Technik“, Norddeutscher Rundfunk, Hamburg

Seite 68, Übung 69: Auf den Hochschneeberg, aus: Benesch, Erwin: Wohin am Sonntag?, Österreichische Staatsdruckerei, Wien

Seite 69, Übung 70: Aus: Stifter, Adalbert: Erzählungen. Bergkristall, Insel, Leipzig

Seite 70, Übung 73: Das Eichhörnchen, aus: Schmeil, Leitfaden der Tierkunde

Seite 95, Übung 94: „Namu, der Raubwal“ (Regie: Laslo Benedek), Schöfmann, Christl, aus: Neue Wege. Zeitschrift des Theaters der Jugend, Wien

Seite 103, Übung 103: Auch Tiere leben in einer Gemeinschaft, aus: Burkhardt, Dietrich (Herausgeber): Signale der Tierwelt, Moos-Verlag, Gräfelfing

Seite 108, Übung 105: Aus dem Tagebuch der Schülerin Martina M. (14), aus: Springer, Elisabeth (Herausgeberin): Sprachbuch, Westermann, Wien

Ein besonderer Dank gilt den vielen Schülerinnen und Schülern, die dem Autor ihre Aufsätze und Texte zur Veröffentlichung überlassen haben.

Bildnachweis

Illustrationen, Grafiken:

Seite 26, Übung 20: Press, Hans Jürgen, aus: Gerth, Klaus: Bildergeschichten, Schroedel, Hannover

Seite 27, Übung 21: Aus: Plauen, E. O.: Vater und Sohn. Gesamtausgabe, Südverlag, Konstanz (mit Genehmigung der Gesellschaft für Verlagswerte GmbH, Kreuzlingen)

Seite 68, Übung 67: Aus: Sprechen und Schreiben 2, Lehrmittelverlag des Kantons Zürich

Bilder:

Die Fotografin (Haller, Marianne), Perchtoldsdorf: 63 (1) (aus: Schlager, Liselotte: Linzer Torte, Landesverlag, Linz)
Generalpostdirektion — Information und Dokumentation, Wien: 75 (1)
IBM, Wien: 107 (1)
Niederösterreichische Fremdenverkehrswerbung, Wien: 69 (1)
Österreichischer Bundestheaterverband, Wien: 54 (1), 96 (1), 97 (2)
Sündhofer, H., Wien: 49 (1)
Veritas-Verlagsarchiv, Linz: 101 (1)
Votava, Wien: 18 (1), 21 (1), 40 (1), 41 (1), 47 (1), 70 (1), 95 (1)
ZEFA, Wien: 83 (1), 86 (1)